安売り王一代

私の「ドン・キホーテ」人生

安田隆夫

文春新書

1052

はじめに　若者よ、「はらわた」を振り絞れ！

勇退宣言

東京・西荻窪にわずか十八坪の小さなディスカウントショップ「泥棒市場」を開いたのは一九七八年、私が二十九歳の時だった。徒手空拳の私がまさにゼロから創業して育て上げたドン・キホーテは、いまや年商六千八百四十億円（二〇一五年六月期）、営業利益三百九十一億円（同）、従業員数約三万二千人（パート含む）の巨大小売業にのし上がった。一九八九年の一号店開業以来、二十六期連続となる増収営業増益記録を更新中であるが、これは小売業界で前代未聞の大記録である。現在の中期目標が達成されれば、近い将来、ドンキは一兆円企業の仲間入りをするはずだ。イオン、セブン&アイ・ホールディングスの二強に割って入り、〝流通第三極〟としての勢力を形成するのも不可能ではないだろう。

私は生まれつき頑健な体に恵まれており、病気一つせず健康そのものだ。文字通り、気力、体力とも充実していて、まだまだ若い者には負ける気がしない。今でも沖縄やパラオなど南の海で、趣味のマリンスポーツを思う存分に楽しんでいる。

社業はすこぶる順調で、私自身も健康で元気一杯。判断力の衰えも全くない。

だが、二〇一五年六月末をもって、私はドンキホーテホールディングス代表取締役会長兼CEOおよび国内グループ各社の取締役から退いた。

かねてから私は六十五歳までに経営から退き、残りの人生は悠々自適に過ごそうと心に決めていた。気力、知力、体力とも十分なうちに、自らの意志で退こうと思ったのである。これを私は、「引退」ではなく「勇退」と勝手に定義している。予定より一年遅れの勇退ではあるが、信頼する従業員たちにすべてを託してきれいに社を去ることができたのは、経営者としてこれ以上ない幸せである。

仮に私が七十歳までCEOを続けたら、自ら辞めるという決断を下す自信がない。そうなれば、死ぬまで会社にしがみつくという、最も醜悪な晩年をむかえるかもしれない。世襲などという発想も、頭をチラつき出しかねない。そんな自分を想像するだけでも虫酸《むしず》が走る。〝老害の芽〟は、自らきちんと摘んでおかなければならない。

だからこそ、あえて判断力が確かなうちに勇退しようと決めたのだ。

どん底の底に「福」がある

こう記せば、ドンキも私の人生も、今まで順風満帆で来たように見えるかもしれない。しかし実態は全くその逆である。

若い頃の私は何をやってもうまくいかず、つねに悶々とした思いにさいなまれていた。学校になじめず、社会に出てからも組織に適応できない。カネもなく、女性にもモテない。大きなことを成し遂げたい。でも、自分には何もないし何をしたらいいのかもわからない。いわば、心に抱え込んだ「内圧」の高さを持て余していたのだ。

とりわけ大学卒業後に就職した会社が倒産してから「泥棒市場」を創業するまでの約五年間は定職にもつかず、ギャンブルで食いつなぐような放浪と無頼の青春だった。

一大決心して「泥棒市場」を開いてからも、さまざまな困難に見舞われた。品物を仕入れても、さっぱり売れない。従業員を雇う余裕もないから一人で店番するしかない。万引きが多いのでトイレにすら行けない。まさに踏んだり蹴ったりだ。

なんとか商売のノウハウをつかみ、満を持して一九八九年にドン・キホーテ一号店を立ち上げたものの、多事多難、それこそ紆余曲折《うよきょくせつ》の連続だった。思ったように売れず、社員はどんどん辞めていく。九〇年代末には、出店や深夜営業に対する住民反対運動が勃発。二〇〇四年には連続店舗放火事件に見舞われ、ドンキに対する執拗なネガティブキャンペーンもあった。企業存亡の窮地に直面したのは二度や三度ではない。

もうどうにもならない。このままでは死あるのみ。ついに俺の人生も終わったか……。そんな思いに駆られ、絶望の淵で苦悶することの連続だった。

そのたびに、もがき苦しみ、唸《うな》りながら、考えに考えた。それは冷静に理詰めで考えるなんてもんじゃない。はらわたの底から振り絞るようにして、なんとか生き残るための活路を必死で考える。その場しのぎの泥縄でもかまわない。とにかく今、この瞬間を生き延びるために苦しみ抜いて考えるのだ。

すると、ある瞬間に天啓のようなひらめきがやってくる。隘路《あいろ》を抜ける方策が、ハッと思い浮かぶ。半信半疑でその方策を試してみると、これが見事に当たる。そして新たな成長拡大に向かっていく……その繰り返しが、私とドンキの歴史だ。危機を「禍」、成長を「福」とすれば、ドンキほど「禍福はあざなえる縄の如し」を地で行く企業はないだろう。どん底に陥るたびに、それが新たな福を呼び込んでくれたのだ。

ひたすら禍をやり過ごしてじっと耐え、福を待つほうが賢いように見えるかもしれない。

だが、人生も企業経営もそんなに甘くはない。どんなに禍を避けたつもりでも、いつかは運命の大波に弄《もてあそ》ばれるのだ。ならば禍を恐れず、福に変えてゆく路を探るしかない。

私が何度も押し寄せる大禍に押し潰されなかったのは、会社と従業員を命がけで愛してきたからだ。ドンキを何が何でも守るという執念が、異常なまでの頑張りと、予想もつかない知恵や発想を生んできた。

そして、切所《せっしょ》での塗炭《とたん》の苦しみが、新たな大福を引き寄せる呼び水になったのである。

ともあれ、壮絶なドラマの中で育ってきたドンキの企業史は、まさに私の生き様そのものだったように思う。

逆張りの発想「権限委譲」

ドンキという企業の本質をひとことでいうなら、それは「権限委譲」だ。

創業者が一代で急成長させた企業は、たいてい個性の強いオーナーの独裁と上意下達のシステムで成り立っている。もっとも、それが一概に悪いとは言えない。新興企業は強力なリーダーシップをもつオーナーあってこそ成長できる場合が少なくない。とくにチェーンストア理論を実践する小売、フランチャイズ業界に、その傾向が強い。

だが、私はことごとく業界の「逆張り」を実践してきた。しかも計算ずくの逆張りではなく、むしろ苦肉の策として逆張りせざるをえなかった。しかし、逆張りで勝負したからこそ、誰にもマネのできない企業を育てることができたのだと思っている。

たとえば私はドン・キホーテ一号店の時代から、商品の仕入れ、陳列、販売等にいたるまで、店の業務はすべて部下に権限委譲し、いっさい口を出さなかった。これはまさに業界の常識を覆す発想だが、当初は窮余の末にひねり出した苦肉の策だった。

だが結果的に、部下に全幅の信頼を置いて権限委譲したからこそ、社員は見違えるように働き出した。私自身は店舗開発とか財務戦略など、「これだけは経営者がやらなければならない」という中核業務だけに集中することができた。そうした分業体制が好循環的に機能し、ドンキは倍々ゲームで急成長、会社は一挙に巨大化した。つまり徹底した権限委譲こそ、ドンキ最大のサクセス要因であり、また存立基盤そのものなのだ。

しかしドンキが大企業化すると、別の問題が浮かび上がってきた。権限委譲からはみ出した部分、つまり経営中核業務が大幅に増えて複雑化し、その結果、創業経営者の私に依存する比率が、かつてないくらい高まってしまうという矛盾が出てきてしまったのだ。

「これはまずい」

そう直感した私は、ドンキの原点に立ち返ることにした。自らの権限を封印し、部下に「経営そのものの権限委譲」をするしかないと思い至った。

その答えはひとつ、勇退だ。

煮えたぎる「情熱」をぶちかませ！

今、この本を手にしているサラリーマンや学生の皆さんのなかには、やることなすことすべてうまくいかず、悶々とした悩みを抱えている人がいるかもしれない。いや、私に興味をもってくれるのは、むしろそうした人のほうが多いのではないか。

だが、あなたの心の中にある悶々としたエネルギーは、きっと大きなプラスに転化できる。心の「内圧」が高い人ほど、大きなポテンシャルをもっているからだ。

私自身、生来、人一倍妬《ねた》み深く、我欲と不満が強くてハングリー度の高い人間である。また、つねにマイナー組、少数派に身をおいてきた。一度として多数派だったことはない。ゆえに悩みも苦しみも人一倍強かった。思い描く理想の自分の姿と、現実の自分の姿がかけ離れているのだから当然だ。

しかし、逆にその鬱憤《うっぷん》をエネルギーにして、理想と現実とのギャップを何とか埋めようと、がむしゃらに働き、それこそ人生を疾走するようにして生きてきた。

はらわたを振り絞って考えよ。はらわたとは、もがき苦しむ力であり、どんなことがあっても最後に生き延びようとする一念だ。

煮えたぎる情熱をぶちかませ。そうすれば、おのずと道は開ける。

そして、リスクを恐れるな。今の日本では、多少の失敗をしたって、餓死したり強制収容所に送り込まれたりするわけじゃない。

私の半生やドンキ起業のいきさつについては、できれば公開したくなかった。ハチャメチャなことが多すぎて、人様に誇れるようなものは何一つないからだ。今回、私が自分の人生をさらけ出す決意を固めたのは、かつての私のように社会のそこかしこで苦悶している人々に、勇気と情熱を分かちたかったからである。

ドンキは小売業界の常識をことごとく覆す「逆張り」を続けてきたからこそ、二十六期連続増収増益という偉業を達成した。知られざる企業秘話を明かすことで、起業やビジネスの野心に燃える人々にも、多少のお役に立てるかもしれない。

それでは、わが半生とドン・キホーテの波乱万丈のストーリーを振り返ってみることにしよう。

目次

安売り王一代　私の「ドン・キホーテ」人生

構成・月泉　博

第1章　絶対に起業してみせる

孤独なガキ大将

私は一九四九年（昭和二十四年）五月、岐阜県大垣市で生まれた。年代的には団塊の後期世代だ。

父親は工業高校の技術科の専科教師。厳格な教育者のイメージそのままの堅物で、酒もタバコもいっさいやらない。長男である私に対する躾と教育はとりわけ厳しく、テレビも「NHK以外は見るな」と言われて育った。いま思えば、父親は戦争を経験し、家庭を守るために必死だったのかもしれない。

しかしそんな父の思いと期待とは裏腹に、私は「オヤジみたいな人生は、ちっとも面白くない」と反発していた。誰に似たのか、私は無鉄砲なやんちゃ坊主で、おまけに生来の天《あま》の邪《じゃく》鬼。大人から「こうしなさい」と言われると、逆に「何でそうしなくちゃならないんですか？」と反抗して他人と違うことばかりやるような、われながら可愛げのない子供だった。

そうした性格は、大人になっても変わらなかった。

「こんな商品が売れるわけない」「そんな店はすぐ潰れる」……他人にそう言われれば言われるほど、天の邪鬼と負けず嫌いが頭をもたげてくる。

誰があんたの意見なんか聞くもんか、だったら売ってみせる……といった具合だ。他人に意見されて自説を曲げるぐらいなら、そもそも起業などしない。しかし私は絶対にサラリーマンにはなりたくなかった。自分のやり方で勝負したかった。

必然的に、他人と衝突する。「イヤなやつ」だと思われる。孤立するから、ますます尖る。その繰り返しだ。

同年代の中では比較的大柄だった私は腕っぷしも強く、さらには超のつく負けず嫌いで、小・中学校時代は一貫してガキ大将を通した。幼少の頃からケンカは日常茶飯事で、親を泣かせた記憶は山のようにある。

勉強などできるわけがない。それどころか、私は学校で授業をじっと聞くことすらできなかった。今で言う「多動児」だったのかもしれない。

四十五分の授業中、おとなしく机に向かっているのが、とにかく苦痛でたまらない。いつも、そわそわきょろきょろしては先生に怒られ、通信簿の備考欄では毎回、「落ち着きがない」と指摘され、親を悲しませた。

また、ガキ大将とはいっても、私には友達がいなかった。腕力で子分を付き従えていただけで、当時流行っていたテレビ番組やマンガなどにも興味はなく、クラスメートと共通の話題で盛り上がるようなこともできない。仲間内で群れたりするのは大嫌いだった。どうも自分だけ浮いているな、皆とズレているな……そんな疎外感や孤独感のようなものを、常に引きずっていたような気がする。

一方、今もそうだが、私は少年時代から格闘技が大好きで、子供だてらに「プロレス&ボクシング」という雑誌を愛読していた。当時はボクシングにはあまり興味がなく、プロレスの大ファンだった。

ところが、ひょんなことから、プロレスが真剣勝負ではなく単なる興行ショーに過ぎないことを知る。中学一年生の頃だ。それにショックを受け、すっかりプロレスにしらけてしまった私は、ボクシングをはじめとする真剣勝負の格闘技に鞍替えし、どんどんのめり込んでいった。

夢は「探検隊の隊長」

少年時代、格闘技と並んで私がハマっていたのは、冒険ものや探検ものの文学作品である。たとえばジュール・ヴェルヌの『十五少年漂流記』や『海底二万里』、あるいは、ヨーロッパ人で初めてアフリカ大陸を横断したリヴィングストンの伝記などを、貪るようにして読んだものだ。

さらに、幼少期からヒマさえあれば世界地図を眺めていた。この国はどんな風景なんだろう、どんな人々が住んでいるんだろうと想像し、小学生の時は世界中のほとんどの国の名をそらんじることができたほど、異国や異境に強い興味と憧れを抱いていた。

だから当時の夢は、ずばり世界を駆け巡る「探検隊の隊長」である。

詳しくは後述するが、私は「泥棒市場」を創業する前の約五年間、元祖フリーターのような生活をし、麻雀で金を稼いでいたこともあった。金はないが時間だけはたんまりある。私はバイト代や麻雀の勝ちが貯まるたびに、世界のあちこちに旅行に出かけていった。それも有名な観光地ではなく、辺境ばかり。アフリカやアマゾンのジャングル、ニューギニア、あるいはエジプトとスーダンの国境付近など、野趣豊かでプリミティブ（原始的）、さらにはいかにもヤバそうなところ（実際、本当にヤバいところも多かった）を好んで訪れた。

もちろん、わざわざそんなところに一緒に行こうと付き合ってくれる友達など誰もいない。だから、いつも隊長兼隊員の「一人探検隊」に過ぎなかったが。

慶応に入っても嫉妬と劣等感のカタマリ

そんな私が、高校二年生の三学期から、それまで全くしたことがなかった勉強に猛然と取り組み始めた。もちろん、向学心が芽生えたわけではない。大垣という退屈な町と実家から、一刻も早く出て行きたかったからである。

高二の三学期と言えば、進学か就職かを含めて、そろそろ進路を決めねばならない時期である。堅実第一主義の父親は私に、「公務員の試験でも受けてみたらどうか」などと勧めてきた。冗談ではない。破天荒な世界探検を夢見る私に「地方公務員になれ」はないだろう。これでは真逆の世界だ。「ここではないどこか」へ行きたい。できれば、きらびやかで刺激の多い東京がベストだ。

私は一計を案じた。父親も現役の高校教師である。世間で難関とされる大学に合格しさえすれば、東京でもどこでも送り出してくれるに違いない。案の定、私の東京行きは、「難関校合格」という条件付きながら認められた。

相変わらず勉強は大嫌いで苦痛だったが、こうと決めた時の私の集中力の強さは頭抜けている。成績はみるみる上がりだした。

こうして翌春、私は志望通り、慶應義塾大学法学部に合格することができた。十八歳の私は、岐阜の田舎町から意気揚々と上京し、慶応の門をくぐった。そこまでは良かった。だが、大学に通い出して早々、私は強烈な嫉妬心と劣等感、悔しさと無力感にさいなまれることになる。

周りの同級生たちは、やたらと垢《あか》ぬけていてカッコいい。とくに付属高から上がってきた者は、みなガールフレンドを連れて人生をエンジョイしている。自分専用の車を乗り回す者も数多くいた。とにかく金持ちのお坊ちゃんぞろいで育ちがよく、立ち居振る舞いも洗練されている。実際、彼らの親は、多くが有名企業の社長や重役だった。

原点は嫉妬と羨み

それに対して私は、田舎のイモ兄ちゃん丸出しで、何のコネも取り柄もない貧乏学生である。いつもボロボロのジーパンやジャージにサンダル履きといった出で立ちで、もちろんファッションセンスなんてゼロ。女の子とは会話すらできないどころか、まともに目も合わせられない。

のちに私は、ドン・キホーテの株式公開をしたとき、社長プロフィールの欄に「慶應義塾大学法学部卒」と書いて、従業員たちから「社長、そんなにムリして虚勢を張らなくてもいいんですよ」と呆れられたことがある。私のどこを見ても慶応ボーイ出身とは思えなかったのだろうが、それも無理はない。

見かけによらず傷つきやすい私は、周囲の華やかな慶応ボーイたちを見て、「ああ、こいつらいいいな」と心底羨《うらや》み、歯軋《はぎし》りし、やっかんだ。同時に、「サラリーマンになったら、オレは永久にこいつらには勝てないだろうな」とも思った。

だが、めっぽう負けず嫌いの私は、その現実を受け入れられない。

「どんなことになっても、こいつらの下で働く人間にだけは、絶対になりたくない。ならば自分で起業するしかない。ビッグな経営者になって、いつか見返してやろう」

そう固く心に誓ったのである。この決して高尚とは言えない、ごくごく私的な情念と決意が、私のビジネス人生における原点だ。

「えっ、起業を志した理由は、たったそれだけですか?」と、よく人に聞かれるのだが、これがすべてなのだから「そうです」としか答えようがない。

ドヤ街で肉体労働、全共闘には反発

ともあれ私は慶応のキャンパスには全く馴染《なじ》めず、二週間ほどで大学に行かなくなった。

当然のことながら学業成績は最悪で、一年生の時にいきなり留年が決定。それが家にバレ、怒り心頭に発した父親によって、仕送りをストップされてしまった。

いまさら親に頭を下げるのは癪《しゃく》だ。私は意地になり、一人で食って行こうと決めた。

しかし当時はアルバイトを選べるような時代ではない。私はわざと労務者風の恰好をして横浜・寿町のドヤ街に寝泊まりし、横浜港で沖仲士（港湾労働者）などをやって糊口《ここう》をしのいだ。当時の金で、一日二、三千円にはなった。

肉体的にはかなりつらい仕事ではあったが、若かった私にとっては、こうしたプリミティブなハードワークもけっこう面白く、それなりに得がたい経験になったのも事実だ。もっとも、若いときだからできる仕事であって、いい齢をしてここに舞い戻ってきちゃダメだということも、皮膚感覚でわかっていた。

私は全共闘世代だが、学生運動にはまったく参加しなかった。親に食わせてもらっている学生が「労働者の権利」と叫んでも、しらじらしく思えて仕方なかった。こっちはホンモノの労働者として肉体労働しているのだから。

その後は、民間のボクシングジムに通ってプロボクサーを目指したり、麻雀三昧の日々を過ごすなどしていた。

麻雀は大学一年生のときに覚えたが、当初はさんざんカモられた。高校時代からやっている奴らに勝てるわけがない。なけなしの金をむしり取られるのが悔しいから必死で覚えて、自分なりに工夫を積み重ね、三年生になった頃には、ほぼ負けることはなくなった。そうすると、誰も相手してくれなくなるので、同じように強い仲間でやる。そこでまた鍛えられた。ここでじっくり腕を磨いたことが、後々大いに役立つことになるから、人生、何が幸いするか分からない。

入社十カ月後に会社が倒産

大学には全くと言っていいほど顔を出さない私だったが、一年次こそダブったものの、運よく五年で卒業することができた。当時は東京大学の入試が中止（一九六九年）になるなど、学生運動が最も先鋭化していた時代だ。学業成績が決まる前期・後期試験のほとんどが学生運動の活動家たちによってボイコットされ、レポートを提出しさえすれば誰でも簡単に単位を取得できたからである。

曲がりなりにも慶応大学卒業だから、名の通った大企業に就職することもできたろう。しかし私はあえて、大卒どころか誰でも入れる小さな不動産会社に就職することにした。

小さな会社なら早くのし上がることができるし、不動産業ならノウハウを吸収していずれ独立のチャンスも摑めるだろうと考えたからだ。ある大手製薬会社の名前を冠した（しかし実際はまったく関連がない）、妙な会社だった。

そこで与えられた仕事は、怪しげな別荘地を飛び込みセールスで売り歩くという、かなり過酷なものだった。私は必死で売りまくり、入社数カ月後には社内でトップクラスの成績を上げるようになっていた。売上歩合がつくので、驚くほど高い給料ももらった。

大学入学時と同様、ここまでは良かった。

「有名企業に入った奴らより、俺の方が早く頭角を表わし、はるかに実入りもいいじゃないか」と、私は得心していた。

ところが、好事魔多し。まず、私は自分の仕事に嫌気がさすようになった。売り歩いていたのは那須の別荘地で、坪四万円ほど。区画は整理されており、まったくインチキな土地というわけではなかった。ところが入社半年ほどたった後、地元の地価を調べてみたら、坪五百円ぐらいしかないことに気づいた。

ふざけるな、と憤りがこみ上げてきた。けっこう正義感が強い私は、そうしたからくりに気づいたら途端にモチベーションが落ちてしまう。あるとき、質素な生活をしてなけなしの二百万円を貯めてやってきたお客さんがいた。すると上司は、「あと百万円、親戚から借りてこさせて売れ」と言う。私はどうにもたまらず、「今回は買うのを見合わせたほうがいいと思います」と、そのお客さんにこっそり耳打ちしたほどだ。

そんな矢先、第一次オイルショック（一九七三年）の煽《あお》りを受け、その会社はあえなく倒産してしまった。わずか入社十カ月後である。描いたシナリオと夢は早くも潰え、私は失業した。

かつての同級生たちは、有名企業で着々と実績を積んでいる。まさに私は落ちこぼれもいいところだ。職はない、金もない、コネも人脈も、もちろん地位も名誉もない〝ないない尽くし〟で、あるのは空回りする意欲と野心だけである。

再就職もままならない。当時は、今で言うところの〝第二新卒〟などという言葉や概念すらなく、大卒後十カ月で失業した男を雇ってくれるような会社はどこにもなかった。

もとより、妥協して中途半端な会社に再就職すれば、結局、負け犬の人生を歩むことになる。それが何よりも嫌だった。

こうして私の長いプー太郎時代が始まる。

麻雀で糊口をしのぐ

失業後、生活費はすぐさま底をついた。私は明日どころか今日の飯の心配をしなければならないほど追い詰められた。

当時の私は、実家はもちろん、学生時代の数少ない友人たちとも連絡を絶っていた。むろん彼女などいなかったから、頼れる人は誰もいない。かといって、寿町のドヤ街に舞い戻るのだけは金輪際ごめんだ。

追い詰められた私は、また一計を案じた。

私には一つだけ特技がある。そう、麻雀だ。大学を卒業する頃の腕前は、プロ顔負けのレベルに達していた。

当時はフリー雀荘（雀荘に来たフリー客四人が集まったら卓を囲むシステム）はまだほとんどなかったので、一般的な雀荘に通い、欠員が出たら卓に加えてもらって牌を握った。ここで負けたらもう後がないという崖っぷちのような勝負を、私はギリギリの思いで幾度も勝ち抜き、糊口をしのいだ。

しかしその後、勝てば勝つほど私は敬遠され、雀卓を囲む相手探しに苦労することになった。私は会社社長の名刺を作って青年実業者として身分を偽り、何軒も雀荘をハシゴして相手を探した。いいお客さんを失わないため、最初のうちはわざと負けるようなテクニックも身につけた。

それでも私と打ってくれる相手は限られていく。職業も不詳で一筋縄では行かない、魑《ち》魅魍魎《みもうりよう》のような人たちばかりだ。最後は雀ゴロ（麻雀で生計を立てている人）だけで卓を囲むようになる。こうなればもうおしまいだ。

その頃の私のライフスタイルは、徹夜麻雀をして朝帰りし、夕方にまたゴソゴソ起き出して雀荘に出かけていくという、自堕落を絵に描いたような毎日だった。

もっとも、当時のそんな体験が、のちにドンキの仕事で大いに役立つことになる。

うらぶれた気持ちで夜の繁華街をあてどなくさ迷いながら歩いた経験から、私には夜の街を漂流する若者たちの気持ちが痛いほど良くわかる。深夜市場の開拓や、ひとりで夜の街を徘徊する人々の心の襞《ひだ》に触れるドンキ流マーケティングを確立できたのは、当時の体験あってこそだ。

また、プロ雀士との息詰まるような真剣勝負の中で、「運気の流れ」「勝負の勘どころ」などを見抜く力を身につけたと思っている。ツキのないときは無理せず「見《けん》」を決め込む。その姿勢が身についたおかげで、大やけどをせずに済んだこともたくさんあった。だから当時の生活がまったくの無駄だったとは思わない。

ただし、それはあくまで「結果として」である。プー太郎時代の私は、今のような人生のビジョンをまったく持てなかった。当時の心情は、「経営者にはなりたいけど、こんなんじゃなれるわけないよな」という、かなりふて腐れた、情けないものだった。

もっとも、起業自体を諦めたわけではなかった。いつかは経営者として独立したいと、漠然とした夢は捨てなかった。これも後づけではあるが、当時の私は悶々鬱々とした日々を送りながらも、強烈なマグマを自身の中に溜め込んでいた時期だったのかもしれない。

さらに未熟者の私は、内心こう思っていた。たった一人で世間の流れに背を向け、自分の人生をビッドにかけ突っ張って生きるのも、ある種「男の美学」ではないかと。

もっとも、そうした突っ張り、イキがりを続ける一方で、どこにも所属せずあっちに行ったりこっちに行ったり、まるで野良犬のような生活を続ける自分への不安と猜疑心、暗い孤独感もまた頂点に達していた。私の中には負けん気と小心、破天荒と鬱屈がアンビバレンツに同居しているのだ。

前述したように、その頃は麻雀をやろうにも相手がおらず、いてもプロばかりで、もう以前のようには勝てなくなっていたこともある。

「自分は大学まで出て、一体何をやっているのか。その日暮らしの無頼な生活に何を見出そうとしているのか。さすがにこれはまずいだろう……」

遅ればせながら、私は誰もがそう思うであろう当り前のことに気づいた。

こんな息子の行状を知れば、親は卒倒するだろう。厳格な父親は自殺もしかねない。いくら反発してきた親父でも、そこまで悲しませてはいけない。

究極のネガティブモード脱出法

かつてないほど落ち込んだ私が、その時に会得した、究極の「ネガティブモード脱出法」を紹介しよう。この方法は私が窮地に陥るたびに実際に何度も繰り返してきたもので、その効果は保証する。今までも何度か公表してきたが、あらためて紹介したい。

まず、休暇をとる。四、五日もあれば十分だろう。「休暇」といっても、海外のリゾート地にでも行って気分転換するとか「自分探しの旅」、なんていうヤワな休暇ではない。全くその逆だ。一人で自宅に引きこもるのである。

昼間から雨戸やカーテンを閉めきり、じっと何もせずに過ごすのだ。

外出は厳禁。散歩はもちろん、買い物もダメ。食事は買い置きや出前で済ます。テレビやラジオもつけずに外界の情報や気晴らしになるようなものはすべてシャットアウトする。できれば布団をひっかぶって、陰々滅々《いんいんめつめつ》とした環境の中、仕事のこと、人生のこと、将来のことを徹底的に考え抜くのである。

あなたの脳裏には、さまざまな思いが去来する。過去を思い出しては他人を恨んだり、嫉妬したり、将来を考えては怖気づいたり、不安になったり……。自己嫌悪、欲求不満、怨《うら》み、恐怖……そうした情念にとらわれ、気持ちが深く沈みこんでゆく。

しかし、決してそこから逃げてはならない。ひたすら悶々と、布団の中で落ち込むだけ落ち込むのである。

この状態を三日も続ければ、突然、鬱々とした気分が劇的に晴れる時が来る。

こうして落ち込みが底を打った時、人間は一挙に浮上する。凝縮された危機感が臨界点に達して爆発を起こし、強力な浮力になってその人を引き上げるのである。

「一体、俺は何をしているのか。このままではダメになる。思い悩んでいる場合じゃない。俺はやりたい、やらなきゃならないんだ……」

そういう押さえ切れないパワーとエネルギーが、内からみなぎってくるはずだ。

いかがだろうか。われながら過激な性格だと、思わず自分でも笑ってしまう。

ここに紹介したネガティブモード脱出法の最大のポイントは、自分をマイナス状態からプラスへと引き上げるためには、自分にとって好ましくない状況から決して目を背けず、それをあるがまま受容する心境にまずはなれ、ということである。

そのための方法論として、外界との情報のやり取りをシャットアウトするのが、一番効果的なのだ。

もっとも、ネット社会の今日においては、情報を遮断すること自体がかなり難しい。それ以前に、携帯電話やスマホはもちろんのこと、パソコンまで取り上げられたら二日と持たずに音をあげてしまうという人がほとんどかもしれない。

逆にそういう時代だからこそ、「ネット断食」がきわめて有効かつ手軽な方法になる。若い頃の私のように極端な引きこもり行為に及ばずとも、より手軽な〝プチ引きこもり〟が可能だろう。

少なくとも、状況が何ら変化しない中での休暇やレジャー等による気分転換など無意味である。それは単なる逃げと一緒だ。そこから戻ればもっと落ち込む現実が、口をあけて待っているだけである。状況が自分に都合のいいように好転することなど、ほとんどありえない。ならば、まずは状況を受容すること。間違いなく、それが立ち直りのきっかけになる。

ともあれ、私はそうして一念発起し、まずは金を貯めて独立することにした。二十代も終盤にさしかかった頃である。

「泥棒市場」の船出

自堕落なその日暮らしにピリオドを打ち、実業の世界で勝負しよう……そう決意し、心を入れ替えて必死で稼いだ軍資金は八百万円あった。

しかし、とりあえずこれで商売を始めようと意気込んだものの、はて、では何をやればいいのかという肝心なイメージが、なかなか浮かんで来ない。

よく考えてみれば、私には何の専門スキルも資格もない。不器用で愛想もいい方ではない。飲食店は小資本でも開業しやすいが、料理はインスタントラーメンくらいしか作れないからダメ。ファッションセンスもないからアパレルもダメ、専門知識も技術もないからメーカーも無理。というわけで、残ったのは物を売ることくらいしかなかった。

では何を売ればいいのか？

あでもないこうでもないと悩んでいたある日、私はふらりと入ってみた何軒かのディスカウントストアで、「これだ！」と思った。

その頃、ディスカウントストアは、各地にぽつぽつと登場し始めていた新手の業態で、当時は主に「質流れ品」を売っていた。なぜかどこの店に行っても、決まって店主は、入ってきたお客をジロリと一瞥《いちべつ》するだけで、声さえかけて来ず、無愛想きわまりない。

だが、逆に私は自信を持った。

「これで商売が成り立つのなら、俺にもできそうだぞ」

こうして私は、雑貨のディスカウント販売を始めることにした。雑貨なら誰にも身近な商品だし、さほど専門知識も要らないだろう、とにかく安けりゃ売れるだろう、という安易な素人考えもあった。

小売業の常識などかけらもない私は、もちろん立地や商圏といった概念すらなく、何も考えずに行き当たりばったりで、東京都杉並区西荻窪の住宅街にある十八坪の路面物件を借りた。

しかしこの店舗は、駅から遠く、車も停められず、幹線道路にも面していないという、今から思えば物販業に最も適さない三重苦、四重苦のような物件だった。しかも家賃は月二十二万円とかなり高額である。

それはともかく、店舗が決まれば、次は仕入れだ。私は多くのディスカウントストア同様、質流れ品を店の目玉にするつもりだった。しかし質流れ品を扱うには古物商の鑑札が必要ということが分かり、あえなく断念した。相変わらずの行き当たりばったりである。

次善の策として着目したのが、企業倒産などにともなう金融処分品、いわゆるバッタ商品だ。知り合いが問屋をやっているという友人の紹介を足がかりに、私は何軒もの現金卸の問屋を訪ね歩いた。しかしどこの問屋も、一目でド素人と分かる若造などロクすっぽ相手にしてくれない。ほとんどが門前払いである。

それでもめげずにバッタ問屋巡りをしているうちに、一軒だけ売ってもいいという問屋を見つけた。「これだけ現金があります」と財布の中身まで見せて、ようやく取引に応じてくれたのである。

しかし金融処分品の商売というのは、意外に難しい。バッタ問屋で仕入れるから安いと思い込んでいた商品を店頭に並べると、たいして安くなく、粗利も取れず、ちっとも儲からない。素人の私は、その後このバッタ屋に何度も煮え湯を飲まされることになる。

ともあれそうした紆余曲折の末、私の記念すべき創業の店「泥棒市場」は船出した。時は一九七八年。二十九歳の時である。

独自の処分品仕入れで一息つく

今日のドン・キホーテの姿は、すべて「泥棒市場」の成功と失敗の上に立脚していると言っても過言ではない。それほど「泥棒市場」は、私にとって強烈な原体験の場となった。

ところで、そもそもなぜ「泥棒市場」などという、自ら看板に泥を塗るような、奇天烈《きてれつ》な店名をつけたのかと、人によく聞かれる。

答えは単純明快、「とにかく目立ちたかったから」。当時はダイエーやイトーヨーカ堂といった大型チェーンストアの全盛期で、個人経営の雑貨店など日本全国に掃いて捨てるほどあった。そんな中で、たった十八坪の零細店が注目されるには、通行人が目を剝《む》くような強烈なネーミングにするしかない。

第二の理由は、店名看板のスペースが小さくて、せいぜい四文字しか入らなかったという、やむにやまれぬ事情による。

ともあれそうした個性的な店名も功を奏し、「泥棒市場」のオープン日にはたくさんのお客さまが詰めかけた。しかしよく売れたのは最初の三、四日くらいで、その後はパッタリと客足が途絶え、店内には閑古鳥が鳴いた。

それもそのはず。「現金問屋から仕入れて売れば何とかなるだろう」との甘い考えで始めた、見様見真似の素人商法が通用するほど、世の中は甘くない。店内をよく見れば、「激安」と謳《うた》うわりには商品はたいして安くないし、品揃えも貧相である。大量ロットで注文する資金もないので、問屋も安くは売ってくれないからだ。

前述したように、バッタ屋には、何度も騙された。「あと十万円積んでくれれば、明日朝一番で商品を届けられる」と言われ、「ハイそうですか」とお金を出した末に逃げられたり……。切歯《せっし》扼腕《やくわん》して地団駄踏んだ記憶は数限りない。

一日の売上が、二千円とか三千円しかない日もあった。これでは家賃にすらならない。なけなしの全財産八百万円はあっという間に底をつき、金がないから仕入れができない、仕入れができないからますます売れなくなるという、お決まりの悪循環に陥った。

「このままじゃ潰れるか、夜逃げするしかない……」

いきなり土俵際まで追い詰められた私は、それこそ「はらわた」の底から考えに考え、苦悶の末に窮余の一策を繰り出した。

そもそも、金も信用もない私が、まともな仕入れをやって勝てるわけがない。遅ればせながらそう気づいた私は戦略を切り替え、大きなメーカーや問屋の倉庫の裏口に日参することにした。そうした大手企業は、表からでは当時の私などとは絶対に取引してくれない。しかし裏口から、廃番品やキズもの、サンプルや返品商品などの処分品を格安で分けてもらえないかと掛け合えば、相手をしてくれるかもしれない。

最初は怪訝《けげん》そうな顔をして、取り合ってもくれなかった倉庫番のおっちゃん達だったが、しつこく何回も足を運ぶうち、「こんなのだったらあるよ」「良かったらこれ持って行きなよ」と、色んな〝訳あり商品〟を放出してくれるようになった。

これらの品々の原価は限りなくゼロに近い。帳簿上ですでに処理され、ゴミとして廃棄処分される運命だから、二束三文でも引き取り手がいれば御の字である。領収書不要の現金払いならなおさらだ。

そうした〝需要と供給の一致〟によって、タダ同然で仕入れた山のようなガラクタ商品で、店はみるまに埋め尽くされた。まさに「泥棒市場」のイメージさながらの店となり、来たお客さまも、一目見て「こりゃすごいや」と驚きの声を上げた。こうしてわが「泥棒市場」は、何とか一息つくことができたのである。

ところで、今でも当時の「泥棒市場」を覚えてくれている方に、たまにお会いすることがある。ボールペンや使い捨てライターなどが十円、二十円といった値段で並べられた「泥棒市場」は、ＪＲ中央線沿線に住む学生などの間では、知る人ぞ知る「変なディスカウントストア」として有名だったのだ。

あまりの激安ぶりに、お客さまから真顔で尋ねられたことがある。

「やっぱり盗んできた商品を売っているから『泥棒市場』なんですか」

苦肉の策で生み出した「圧縮陳列」と「ＰＯＰ洪水」

「泥棒市場」では、バッタ品や廃番品主体という品揃えの性格上、ほとんどがその場限りの商品である。売れたからといって追加仕入れなどできない。だから常に売れそうな商品を見つけてきて、仕入れ続けるしかない。いわばセオリーなどない勘頼みの商売だ。

そのためには徹底的にお客さまのニーズを摑み取らねばならない。私は五感をフル動員し、必死でそのアンテナを張った。今で言う、「潜在ニーズの顕在化」というマーケティング戦略の一環だろうが、当時はそんな言葉すらない。

加えて商売は常に資金繰りが崖っぷち状態だったから、否でも応でもその勘と感性は研ぎ澄まされた。これが後述するドン・キホーテの「スポット商品仕入れ」の原型である。

一方、仕入れた商品は段ボールに積み込まれ、トラックで次々と店に到着する。もちろん店舗と別に倉庫を借りたり、従業員を雇ったりする余裕などどこにもない。だからすべて、私一人で十八坪の狭い店の中に、商品を押し込まねばならない。時には三十坪分くらいの商品を一度に仕入れることもあったから、置き場がなくてもう大変である。

商品は棚という棚にぎっしりと突っ込み、棚の上には段ボールを天井まで積み上げた。通路も商品と段ボールに占拠され、売場はまるで迷路のジャングル状態になった。

ただし箱を積み上げるだけでは何を売っているのかが分からない。私は段ボールに小窓を開け、商品を説明した手書きのＰＯＰ（商品説明広告）を棚という棚に貼りまくった。これが今でも〝ドンキ名物〟となっている「圧縮陳列」と「ＰＯＰ洪水」の始まりだ。

不思議なことに、圧縮陳列を始めてからのほうが、お客さまの受けが良くなった。掘り出し物がないかと期待感をもって丹念に見て回ってくれるし、当時は値付けもイイカゲンだったので、実際に掘り出し物は多くあった。

流通の教科書には「見やすく、取りやすく、買いやすく」が小売店舗の鉄則だと書いてある。しかし、私は「苦肉の策」として逆張りをした結果、そこに鉱脈があることを発見

「泥棒市場」の店頭。段ボールが山積みにされている

したのだ。

「ナイトマーケット」の発見

ただし世の中、そうそう上手く行くものじゃない。独自の処分品仕入れルートのフル活用で最初はよく売れたが、しばらく経つとまたぞろ売れなくなって来た。それは、私が後で知った業界用語で、「売れ筋自然減」という現象に見舞われたからである。

当然のことだが、お客さまは欲しいもの、必要なものしか買わない。だから魅力的な商品はどんどん店からなくなり、売れないものだけが残る。それが何回も繰り返されると、店は文字通り、「死に筋」の山と化す。

一方、仕入れはいつもその場限りのスポット仕入れだから、前述したように売れ筋の補充などできない。こうして店は売れ残り商品で覆い尽くされ、さながらゴミ屋敷のようになった。一息ついたのも束の間、再び「泥棒市場」は土俵際に追い詰められたのである。

そんなある日の閉店後、夜遅く、いつものように私は一人、店の前で作業をしていた。当時はバーコードなどという便利なものはないから、届いた商品に一個一個手作業で値づけのシールを張っていく。従業員もおらず、店内は満杯の在庫でスペースがないから、作業は店の外で、ひとりで看板の灯りを頼りに行うしかない。

その光景は、かなり怪しげなものだったに違いない。なにせ当時は今と違って夜が早い。しかも静かな住宅街に煌々《こうこう》と灯る「泥棒市場」の看板照明の下で、若い男が一人で何やらゴソゴソと作業をしている。

だが、そうするうちに道行く人から「何をしてるんですか?」「店はまだやっているんですか?」とよく声をかけられた。好奇心、あるいは警戒心だったかもしれないが、夜遅い時間でも、不思議と人がやってくるのだ。もちろん、一円でも売上が欲しい私は、慣れない愛想笑いを浮かべて「やってますよ」と店に招き入れる。

このように夜遅く来店されるお客さまは、たいがいアルコールが入っているせいもあってか、ゴミ山のような商品でも、逆に面白がってよく買って下さった。

たとえば、「もしかしたら書けないかもしれないボールペン一本十円！」などと人を食ったようなPOPもバカウケした。私はそこに、未開拓かつ大いなる市場の可能性を見出したのである。


「夜のお客さまは、主婦など厳しい買い物しかされない昼のお客さまとは全く違う」

それに気づいた私は、進んで深夜営業を開始した。

当時、セブン‐イレブンの営業時間が、文字通り午後十一時までだったのに対して、「泥棒市場」は夜十二時まで営業した。その頃のわが国の物販店としては、日本一閉店時間が遅い店だっただろう。

ナイトマーケットの発見は、のちにドンキで大いに生かされていくことになる。これまた、苦肉の策の逆張りである。

すっぽり抜け落ちている「夜の経済学」

話は前後するが、消費増税第二弾が二〇一七年四月に延期されることが決定した時、私は「延期は歓迎すべきだが、本来なら逆に五％に減税するのが望ましかった」と発言して物議をかもした。今の日本経済を左右するのは、ＧＤＰの約六割を占める個人消費だ。従ってそれに冷や水を浴びせる消費増税の実施自体、愚の骨頂と私は思っている。

もっとも、増税が決まった以上、どうしたら消費が活発化するかという現実論を考えなければならない。ところがこれが難しい。人口減と少子高齢化に加え、消費の成熟化が著しいわが国において、ありきたりな消費活性化策は、ほぼ万策つきた観がある。

ではどうすればいいのか。まだ手つかずのスキ間を見つけ、さまざまな手段でその市場を開拓、育成するしか方策はあるまい。たとえば、インバウンド市場（海外からの訪日旅行客による免税品などの買い物）の創造などは、その数少ない成功例である。

それはともかく、通常、「消費」と言えば、普通の家族が朝起きてから寝るまでの時間、すなわち朝八時から夜十時くらいまでの時間帯に行われるもの……というのがこの国の為政者たちの認識だろう。

そこにすっぽりと抜け落ちているのが、いわゆる「夜の経済学」である。コンビニもドンキも、夜十時以降のナイトマーケットの発見と開拓で、この二十数年間、一人勝ちのような成長を謳歌することができた。

じつはナイトマーケットこそ、日本の流通業界に残された最後の大金鉱脈である。日本の小売業総販売額は約百四十一兆円（二〇一四年実績）だが、そのほとんどはデイマーケットだ。しかし私は少なくともその二割強、三十兆円程度は夜間売上に移行する可能性があるとみている。

ところが、今も昔も経営者や評論家は「昼の経済」しか語ろうとしない。「昼は善、夜は悪」みたいな思い込みもあるのだろう。しかし、飲食でもレジャーでも、多くの人が夜間に消費活動をしていることもまた事実なのだ。じつにもったいないことである。

加えていたずらに消費心理を冷え込ます、近年の様々な規制強化にも大いに首をかしげざるを得ない。

たとえば、ドンキの旗艦店も近くに控える新宿歌舞伎町。日本を代表するこの夜の盛り場に、かつての勢いはない。風営法による取り締まり強化で独自の賑わいと魅力がスポイルされ、歌舞伎町は完全に委縮している。消費心理的表現をすれば、単に無機質な照明を強化して、街の灯を消すような所業だ。

私は、かつてのような、いい意味で猥雑な〝ごった煮〟的な歌舞伎町が好きだったし、大衆の本音ニーズに自然体で応える、実によくできた歓楽街だと思っていた。それをなぜ、あえて弱体化させようとするのか。

今、これと似たようなこと、すなわち〝消費心理音痴〟による、不毛かつ粛清のような動きが至るところで見られ、社会全体の諦念や鬱屈感を助長しているように思う。

逆に言えば、そうした閉塞感からの解放が、流通小売業最大のビジネスチャンスになるのではないか。

ラジオ中継によるブレーク

さて、たまたま当時の泥棒市場のお客さまに、あるラジオ局のプロデューサーがいた。とにかくこの店は面白いから、是非、自分の番組で取り上げさせてくれないかと言ってきた。店の宣伝になるなら何でも大歓迎だ。私にとっては願ってもない申し出である。

その番組は、ラジオのディスクジョッキーが「こういう店がある」と実況生中継方式で紹介するというものだった。ただ、悩ましいことに、放送時間帯は平日の真っ昼間だ。泥棒市場の完全なアイドルタイムである。通常なら店にお客さまはほとんどいない。

真っ昼間にどうやったら店の賑わいを作れるだろう……私はあれこれ作戦を練った。

実況中継当日の午前中、私は仕入れに使っていたボロボロのワゴン車に、当時泥棒市場でも売っていた家庭用カラオケセットを持ち込み、選挙演説よろしく、「午後からそこの

『泥棒市場』で大安売りをやりますよ〜！」とマイクでがなりたてながら、近所をくまなく走り回った。分かり易い商品名を具体的に挙げ、これをいくらで、あれをいくらで売るというディスカウント案内ももちろん忘れなかった。

奇策は当たった。中継時には店に入りきらないほどのお客さまがワーッと押しかけた。どうせ店内商品は、タダ同然で仕入れた処分品がほとんどである。この際、ひと山なんぼ、二束三文で売り尽くしてしまえというわけで、たとえば、「乾電池握り放題五十円」などというのもやって大好評を博した。

その様子がラジオで紹介された直後から、連日捌《さば》ききれないほどのお客さまが来て、「ゴミの山」は後かたもなく消え去った。

以降、仕入れた商品が面白いように売れて行く。かつて一日二千〜三千円だった売上が、あっという間にその二百五十倍の五十万円になった。しかも特殊な仕入れだから粗利益率は五割以上ある。今のドンキの粗利益率が二十六％強だから、「泥棒市場」はとんでもない高粗利を稼いでいたわけである。

それまで金欠に苦しんでいたのが嘘のように、私にはびっくりするほどお金が入りだした。

「祭り」が日本を救う

ラジオ中継はまさにお祭り騒ぎだったが、普段から泥棒市場には〝祭り感〟があった。ところで、夜の経済と不可分な要素が「祭り」だ。古今東西、電気のない時代から、祭りは夜にやるものと相場が決まっている。夜祭りはあっても朝祭りなどというのは聞いたことがない。夜は非日常感と自由度が高まり、ストレスの発散度も高くなる。だから消費にも直結しやすい。ドンキの社員なら、体でそういうことを理解しているだろう。

だから自治体なども、どんどん祭りを開催すればよい。縁日の屋台なども排除せず、あえて猥雑感のある夜祭りを盛り上げれば、周辺商店や飲食店の売上も増え、また男女の出会いとその交際需要等も喚起されるから、それによる関連（？）消費がさらに増え、最終的には少子高齢化の解決にもつながるかもしれない。そうなればまさに一石が二鳥にも三鳥にもなろう。

いずれにせよ、今の若者は祭りに飢えているのではないか。たとえば、本来西洋の祭りであるはずのハロウィンの、近年のわが国における、あの異様な盛り上がりぶりは、いったい何なのだろう。おかげで当社も、大いにハロウィン効果を享受させてもらっているが、結局、あのハロウィン現象は、祭りへの飢餓感のあらわれと私は理解している。

こうして見てみると、要はドンキ初期の成長戦略（夜祭りの縁日的演出）を、国や地方自治体がマクロに取り入れ、思い切った規制緩和なり独自のイベントを多催するようにすれば、かなり有効な消費と内需拡大が期待できると思うのだが、いかがなものだろうか。

〝禁じ手のデパート〟の成功

ともあれ泥棒市場は「おもちゃ箱をひっくり返したような変わった店」「深夜も営業している」と地元で有名になり、開業数年後には十八坪で年商二億円という超繁盛店に大化けした。

泥棒市場こそ後のドン・キホーテの原型であるが、流通業における常識から考えると、〝禁じ手のデパート〟のような店である。

知識ゼロ、経験ゼロ、人脈ゼロの素人が開業。ノウハウもなしに徒手空拳で金融品、バッタ品など玄人の世界にいきなり飛び込む。廃番品、サンプル品などを堂々と販売する。倉庫はない。ギュウギュウに商品を詰め込み通路さえ歩けない。さらに夜中も営業する。

明らかにこれらはすべて、当時の流通業の「非常識」である。それこそ「やってはいけない店の経営」の見本のようなものだ。

にもかかわらず、素人が始めた非常識な店が、なぜか大繁盛店になった。一体これは何を意味するのだろうか。

それは、従来の流通、販売、マーケティングの成功法則が必ずしも正解ではない、ということだ。少なくとも、それらの理論が新たな市場や顧客満足を生み出すものではない、ということの証しといえる。

今でも私は、小売業にとって最良の教師はお客さまであり、現場は最高の教室だと確信している。それを唯一の拠り所に、私は自らの素人商法を決して曲げず、自分なりに進化させていった。

その根源には、「常識を信じない」という体験論的な哲学がある（これは私の生来の性分でもあるのだが）。

独立・開業する前に私が放浪していた日雇い労働やプロ麻雀士の世界は、たしかにやや異常でエキセントリックな世界だった。しかしそこはある意味、きわめて原初的な世界でもあった。何の制約も規制も決め事もない中、生身の人間と人間が欲望と情念をむき出しにしてぶつかりあうさまを、私は何度も目撃し、体で実感してきた。

そこでは世間一般の常識や理屈、既成のルールなどは全く無力で、むしろ有害な場合さえ多い。求められるのは瞬時に相手の心の動きや欲求をキャッチする鋭敏な感性だけである。そしてこれが小売業にとっても最大の武器になることを、私は「泥棒市場」の経験で学んだのである。

商人にとっての究極の能力とは

近年、マーケティングの最前線で、「行動経済学」が脚光を浴びている。「人は合理的な行動をするとは限らない」ということを前提に、人間の行動を心理面から考え、観察することで社会現象や経済を説明する学問である。

我流ながらそれに近いこと（行動経済学の実践）を、私は当時から行っていた。ちなみに私はそれを、「流通心理学の実践」と呼んでいた。だから昨今の行動経済学ブームには、「何を今さら」というのが率直なところだ。

私が消費心理の重要性に気づいたのは、「泥棒市場」がやっと軌道に乗った頃だ。

ド素人の私にできることといったら、お客さまのしぐさや行動、心の動きなどを必死で観察し、そこに秘められたニーズを掘り起こし、結果としてお客さまが喜んでくださるような店づくりと品揃えに徹するより他になかった。

しかしこうした戦略と手法（というよりお客さまへの必死の食らいつき）が、深夜営業、圧縮陳列、スポット商品MD（マーチャンダイジング：商品政策）、POP洪水という、その後のドン・キホーテのオンリーワン商法とも言える必勝フォーマットにつながっていったのである。

いずれにせよ私は、「人の心のありよう」こそ、新たな有望マーケットの母胎だと思っている。もちろんそうしたマーケットは、お客さま自身も気づかない心の中に潜在化している。それを感じ取り、たぐり寄せ、独自の手法で顕在化させた時、大きなチャンスを手中にすることができる。言うまでもなくその最大級の果実が、「ナイトマーケット」だった。

では、そもそもお客さまの心理をどう感じ、どう読み、それをどう店づくりに生かせばいいのか。これればかりは、「勘と感受性を磨くべし」としか答えようがない。

私のそうした勘や人間観察力は、前述したプー太郎時代に身についたものだ。さらに明かせば、麻雀に代表される、人と人とが相対する究極の勝負（ゲーム）の中で揉まれ、培われたものである。ゲームでの必勝法は、相手の細かな表情や目線、しぐさを見逃さず、徹底的にその心理を読み取ることに尽きる。私は絶対に負けるわけにはいかなかったから、実戦の中でそれを死に物狂いで会得した。

ゲームに勝つための心理分析のノウハウを、お客さまを喜ばせるための心理分析に転化させるのはそう難しいことではない。これがドン・キホーテ黎明《れいめい》期における最大の武器になった。

ともあれ商人にとっての究極の能力は、「お客さまが本当に望んでいるものは何かを敏感に感じとり、それを正確に、しかも素早く仕入れ、陳列に反映させること」ではないだろうか。

ニューギニアで受けた衝撃

やや脱線するが、少年時代の「探検隊」の夢の話には後日談がある。

「泥棒市場」を身一つで始め、しばらくは探検のことなど考える間もなかったのだが、ようやく店が軌道に乗り、仕入れ以外なら従業員に任せても何とか回って行くようになった。それと同時に、またぞろ少年時代の夢が頭をもたげてきた。当時、どうしても行きたかったのが、世界の秘境中の秘境と言われるインドネシア領ニューギニア島である。

私の探検には、金と時間と体力が必要だ（特に観光客が行かない秘境へは、ノーマルエアチケットしかなく、かなり割高なのである)。たまたまその三拍子が揃った今しか、行くチャンスはないだろうと、矢も盾もたまらず、私は機上の人となった。

ニューギニア島最大級のワメナという高地の空港に降り立った私は、いきなり目を見張った。事前に資料で確認していた民族衣装そのまま、すなわち男性はコテカ(koteka)と呼ばれるペニスケースを、女性は腰蓑《こしみの》だけというういでたちの、ほぼ全裸に近い現地人が、そこかしこにウヨウヨいるではないか。観光客から金をせしめるパフォーマンスかと思いきや、そもそもここは観光客が来るようなところではない。世界には凄いところがあるものだ。

都合三週間近く滞在した私のニューギニア珍道中を語り出せば、紙幅がいくらあっても足りないから省略するが、言葉が全く通じない秘境の村を、身ぶり手ぶりだけで回って、とりわけ衝撃を受けたことがある。

どこへ行っても、やたらと指の少ない女性が多いのだ。聞けば、親族や連れ合いが亡くなる都度、その痛みを忘れぬよう自らの指を落とすのだという。その慣習の良し悪しは別にして、そこには我々の想像を絶する、濃密で原初的な人間同士の強い絆があった。

ともあれ、ニューギニアという秘境(最近では魔境と称されるらしい)で私は、そんな魂を揺さぶられるような思いや体験をいくつもした。人間の原点とは何か、自然の理とは、命とは何か、つくづく思い知らされたものである。

それにしてもなぜ私は、そんな秘境にばかり好んで出かけるのか。これもよく人に聞かれるが、正直、自分にも分らない。「好きだから」としか答えようがない。ジャングルもそうだが、要は有機的で生命力が溢れる、プリミティブな場に自分の身を置くのが心地良いのだろう。

ドン・キホーテの売場は商品が所狭しと並び、「ジャングル」と形容される。これも、私は「お客さまにジャングルを探検するような期待感をもって楽しんでほしい」という思いで作った。つまり私は、ドン・キホーテというジャングルの探検隊の隊長になったのだ。そういう意味では私は、仕事でも少年時代の夢を実現した、まことに幸せな男と言えるかもしれない。

募る欲求不満と卸の専業化

話を戻そう。開業二年後くらいには、地元の有名店として定着していた「泥棒市場」だったが、一つだけ困ったことがあった。従業員だ。店はもう私一人だけでは切り盛りできなくなっていたが、雇った従業員がなかなか定着せず、すぐ辞めてしまうのである。

それも致し方なかった。今と違って景気のいい当時は万年人手不足で、忙しい小売業で働こうとする人はなかなかいない。零細店で深夜営業ならなおさらだ。おまけに店名は「泥棒市場」である。「泥棒市場で働いています」なんて、親や恋人に、恥ずかしくて言えやしないだろう。

そこで、店名とは正反対のイメージのある社名をつけた。当初、「ジャスティス（正義）」にしようとしたが、言いづらいので「ジャスト」にした。これが株式会社ジャスト（一九八〇年設立）で、株式会社ドン・キホーテの前身である。

だが、まともな社名に変えたところで、そう簡単に従業員が定着して育つわけもない。「泥棒市場」はかなりの繁盛店になっていたが、あくまで私が仕入れて、私が陳列して、私が率先して売っているだけの店だった。相変わらず私が、エースで四番で監督の個人商店……と言えばカッコいいが、結局はまだ、「一人探検隊」から抜け出せてないということである。

経営においても「ひと山なんぼ」の仕入れで、在庫管理などという発想そのものがなかった。ロス率把握どころか、棚卸しさえできない。出鱈目《でたらめ》などどんぶり勘定もいいところだ。

「さすがにこれでは多店舗化は無理だろうし、発展性もないだろうな」

当時の私にもそれくらいのことは分かる。しかし私はそんな小さな商売で満足したくて起業したのではない。ビッグな経営者になろうという、夢と志を秘めていた。だから単独の繁盛店では面白くない。次第にそんな欲求不満が募って行くようになる。

一方、そうやって商売をやっているうちに、大量に商品を仕入れる機会も増えてきた。自分の店だけでは、とても捌《さば》きされる量ではない。そこで、知り合いの店主（その頃はそれなりに人脈もできていた）に声をかけ、余分に仕入れた商品を他店に回すようになった。

そんなことを何度も繰り返しているうちに、他店への商品斡旋そのものがビジネスになってきた。いわゆる「仲間卸」というやつである。仕入量が増えるに従って、さらにそれが面白くなり、気がついたら卸だけで手一杯になっていた。

前述したように、しょせん「泥棒市場」は単独の繁盛店どまりで多店舗展開ができない。そこで私は思いきって「泥棒市場」を他人に譲渡し、卸専業で行くことにした。少なくとも大きなビジネスを目指すなら、小売より卸の方が手っ取り早そうだ。

こうして私は、一九八三年に「リーダー」という卸売の会社を設立した。かつて私をさんざん苦しめ、かつ育ててくれたバッタ問屋業に自ら参入して、それに専念することにしたのである。

革命的バッタ問屋で年商五十億

「リーダー」はすぐ軌道に乗った。常に資金難と闘いながらユニークな仕入れをしようと悪戦苦闘した「泥棒市場」時代のノウハウが、逆に問屋業で大いに役立ったのだ。

またリーダーでは、営業マンがトラックに目一杯商品を詰め込み、全国を巡回販売するという従来のスタイルではなく、電話とＦＡＸによる営業に変えた。バッタ品は多種多様で、実物を見せなければわからない場合も多いが、当時普及し始めたＦＡＸを駆使し、万が一イメージと違ったら返品可能という条件で、効率的な電話営業に切り替えたのだ。

これは業界の常識を覆す革命的な手法だったが、見事に大当たりした。

じつはこの営業手法も「苦肉の策」で生み出したものだった。設立当初のリーダーは、いかにも怪しげなバッタ問屋（埼玉県和光市に事務所を構えていた）である。だから世間で言う真面目で優秀な人材など採用できるわけがない。当時リーダーの社員は、（私も含めて）男性は全員パンチパーマをあてていた。

そんな連中を外回りに出して、変ないさかいを起こされては困る。第一、まともに仕事などせずサボるに決まっている。かつての私自身がそうだったからよく分かるのである。しかも目が行き届かないから不正の管理もできない。だから逃げられないよう彼らを社内にカンヅメにし、私が目を光らせながら電話営業をさせたというのが始まりだ。

当時の同業者からは、「現物を見せてもなかなか売れないのに、電話だけで売れるわけがない」と散々こきおろされたものである。しかしそうした業界常識は、彼らの思い込みにすぎなかった。

車での営業は、運転が二時間で商談が五分などという非効率なケースがザラだ。逆に電話なら、一人の営業マンが北海道でも沖縄でも、距離的・時間的な制約がいっさいなく、自由に商談ができる。

私は朝から晩まで、営業マンに電話セールスをさせた。成約した荒利の二〇％を歩合として給料にプラスしたので、月収が百万円を超える猛者《もさ》が何人も現れた。さらに、取引先への商品配送は運送屋と契約し、集金はそれ専門の人間を雇って、営業、物流、集金の〝三権分立〟を徹底した。そういう意味では「リーダー」は、卸売業界における革命的な新業態だったかもしれない。

そうして「リーダー」は、設立数年後に年商約五十億円という、関東最大級の現金問屋にのし上がり、それこそ毎月、何千万円も利益が出るようになった。裸一貫で「泥棒市場」を始めた頃に比べれば、夢のような大出世である。

それでも私は、満足できなかった。商品の仕入れも販路も限られる特殊な現金問屋だから、これ以上の規模拡大は難しい。実際、小売業と違って、現金問屋で上場した企業は、当時は皆無に等しかった。

そこで私は、「泥棒市場」で培った安売りのノウハウ、「リーダー」で培った資金力と商品力をもって、再び小売業で勝負しようと思い立ったのである。

もう一つの「小売再参入」理由

「小売再参入」を決意したのには、もう一つ理由がある。

「リーダー」の得意先であるディスカウントストアの店主や、開業希望の人たちに対して、私は率先して泥棒市場の成功体験や圧縮陳列のノウハウを伝授した。「他のチェーン店と同じことをやっていたら絶対に勝てませんよ」と指導するのだが、どうもうまく行かない。

商品と什器の密度を高めたジャングル売場化の勧めも、結局、「リーダーの商品を売り込みたいがための営業トーク」と、とられてしまう。「では他社から仕入れてくれて結構」

ということで、実際にそうしてもらったが、やはりダメ。ならば自分で直営して、私の言うことの正しさを証明してみせようと思った。

また、何よりも、あの蠱惑的《こわくてき》なナイトマーケットを、何とかもう一度、自分の手で大輪の花に咲かせてみたかった。

余談だが、当時のわが国には、大手のチェーン各社（ダイエーやヨーカ堂、ジャスコなど）が群雄割拠する一方、ディスカウントを謳う店が、全国に有象無象《うぞうむぞう》四万～五万店くらいひしめいていた。そうした店に商品を供給するバッタ問屋も、ゆうに一千軒くらいはあっただろう。

しかしこの三十年強で、そのほとんどが淘汰され、ディスカウントチェーンでは当社を含む十社弱、問屋でも最大手のドウシシャはじめ数社が残っているくらいであり、あとはほとんどが消え去ってしまった。まさに隔世の感がある。

それはともかく、たとえば前述した当時のディスカウント店の店主たちは、サイドビジネス的に片手間でやっているような人も多く、今から考えればうまく行くはずがなかった。結局、私の言う店と売場づくりは、とてつもない手間暇とエネルギー、覚悟と情熱を必要としたからである。

もっとも、それを実感したのは、自ら直営してさんざん苦労と試行錯誤を重ねてからだ。ちなみにその後、ドン・キホーテ二号店が開業する一九九三年頃までには、それらディスカウント店のほとんどすべてが淘汰されていた。いかに生き残りが厳しい業界であるかがよくわかる。

そんな業界に、ふたたび私は自信満々で乗り込んで行った。

手ひどいしっぺ返しを受けることになるとは予想だにせず……。

第2章　ドン・キホーテ誕生

ドンキ一号店の試行錯誤

再び小売業に参入した私は、新しい店を「ドン・キホーテ」と名づけることにした。看板に大書すれば、目立ちやすく覚えやすい屋号だという理由もあるが、この店名は私の密かな決意表明でもある。

ドン・キホーテとは、スペインの文豪・セルバンテスの名作であり、主人公の名でもある。痩せ馬にまたがる主人公が、理想に燃え、風車に向かって突進するその様は、空想的かつ無鉄砲な〝英雄〟の象徴でもある。

私も、流通業界という巨大な〝風車〟を相手に、既成の権威や常識を打ち破りながら、たとえ孤軍奮闘でも自らの理想のもと突き進んでいこう……気負った青臭い表現で、自分でも照れてしまうが、本気でそう思っていたのは事実である。

もう少し具体的に言い換えると、こんな感じだ。

当時はバブル絶頂期で、百貨店やGMS（総合スーパー）などの大手小売業が、わが世の春を謳歌していた。そんな中で、最後発のちっぽけな小売店が、大手と同じことをやったって永久に勝てない。だからどんなことがあっても、絶対に人のマネをせず、独自の道を突き進むぞ……そうした強い自戒の念を込めたのである。

こうして一九八九年三月、ドン・キホーテ一号店（府中店）が産声を上げた。後述するように、同店は首都圏郊外ロードサイドの超一等立地で、売場面積は当時の大店法（大規模小売店舗法）規制にかからないアンダー百五十坪型（百三十九坪）の大型店だ。

私はこのドン・キホーテ一号店に関しては、開業前から絶対的な自信を持っていた。まず「泥棒市場」で摑んだ独自の安売り成功ノウハウがある。さらに「リーダー」時代に蓄えた資金力も商品力も万全だ。店舗面積は泥棒市場の八倍もあり、立地場所は比べものにならないくらい恵まれている。

「泥棒市場では十八坪で二億円売ったのだから、その八倍の十五億円は軽く行くだろう」

……しかし、その読みと自信は見事に打ち砕かれた。初年度の売上はたったの五億円。もちろん大赤字だ。案に相違してドン・キホーテは、惨憺《さんたん》たるスタートを切ったのである。

私はまたもや窮地に追い込まれた。

立地で妥協してはダメ

ドン・キホーテ一号店がスタートダッシュで躓《つまず》いた理由とその後の顚末に触れる前に、一号店の出店開発の経緯に触れておこう。「泥棒市場」の〝行き当たりばったり出店〟に懲りごりしていた私は、ドン・キホーテ一号店の立地選択には徹底的にこだわった。

実際に一号店を出店する前の二年間くらいで、私は三百件以上もの膨大な物件データをしらみつぶしに当たった。そうして目を皿のようにして探せば、たまに「これはいいな」と思う物件が見つかる。ところが不動産屋にその斡旋を頼んでも、相手の地主からはことごとく断られてしまう。

そりゃそうだ。当時の私は、同じ流通業とはいえディスカウント問屋の経営者にすぎず、小売店舗は一店も構えていない。そんな素人に毛の生えたような個人に、大事な土地を託そうという奇特な地主はそうそういるものではない。

もちろんその間、「是非にも借りてくれ」と、逆に先方から持ち込まれた物件は山ほどある。でもそうした物件の中で、私の出店・立地選定基準に適うものは皆無だった。

私の基準は、「(大店法規制にかからない)百五十坪以下の平屋店舗の建築が可能な首都圏の基幹ロードサイド立地で、道路からの視認性が良く一日当り車通行量が二万台以上、一定規模の駐車場(五十〜六十台)確保が可能」という、われながら厚かましいもの。

要は当時の大手ロードサイドチェーン企業の店舗開発部が、組織的かつ血眼になって探しているような有望物件に絞って、何の裏づけも実績もない個人が狙いを定めていたわけである。そう簡単に見つかる（契約できる）わけがない。文字通り「理想は高く現実は厳しく」を地で行っていた。

逆転ホームランで垂涎の物件を確保

それでも私は、立地には決して妥協しなかった。できれば早く一号店を出したかったが、焦る必要はない。そうこうしているうちにチャンスが巡ってきた。

たまたま知り合いだった不動産屋が教えてくれた物件なのだが、京王線東府中駅からも徒歩圏という、甲州街道（国道二十号線）に面した絶好のロケーションで、敷地面積が八百八十坪の整形な更地（当時は平面駐車場）だ。その頃の私にとっては、喉から手が出るような、まさに垂涎《すいぜん》ものの物件である。何としてもこれをモノにしようと思った。

善は急げとばかりに、速攻で私は、地主さんのところへ直接掛け合いに行った。ところが、当然といえば当然なのだが、彼にとってみれば私などまるで眼中にない。

「ウチにはあんたみたいな（土地を貸してくれという）人が毎日のように来る。貸せないよ」とけんもほろろだ。それでも私は諦めず、この地主のもとへ日参し、口説き続けた。

結局、この物件は、某大手外食チェーンの手に落ちる寸前に、私が見事、逆転ホームランでひっくり返して契約にこぎつけた。先方の出す条件をほぼ丸のみする格好《かっこう》だったが、よく考えれば、当時の私などによくぞ貸してくれたものだ。今でもあれは奇跡だったと思うし、地主さんには感謝の念が尽きない。

それが記念すべき一号店となる「ドン・キホーテ府中店」だ。まさにこの店のおかげで今日があるわけで、そういう意味からも、やはり妥協しない立地選定が、創業初期における成功のカギを握ると言っていいだろう。

従業員の「悪意なき面従腹背」

話を戻そう。満を持して開業したはずのドン・キホーテ一号店だが、なぜ最初から軌道に乗らなかったのだろうか。

結論から言えば、私が目指す独自の店づくりがあまりにも流通界の常識からかけ離れていたため、雇った従業員が全く理解してくれなかったからである。

ドン・キホーテを始めてすぐ、私は「これは参ったな」という難題にぶち当たった。従業員たちに対して、「ウチは他にない独自の店づくりを目指しているので、皆もそのつもりで頑張って欲しい」と言えば、彼らは「はい！」と力強く返答してくれる。しかしいざ業務が始まると、誰も私の思ったようにやってくれないのだ。悪意なき面従腹背のようなものである。

無理もない。当時（今でもそうだろうが）の小売店づくりの常識は、「品物が見やすく、取りやすく、買いやすい」だが、私はこれと全く反対に、「見にくく、取りにくく、買いにくい」店をつくれと指示した。しかし彼らにしてみれば、そんな非常識なことを言われてもワケが分からず、混乱するばかりだっただろう。

ならば社長の私自身がやればいいという話だが、卸売業が忙しくて身動きが取れない。当時のドン・キホーテは毎月一千万円もの赤字を出し、卸売業で損失分を補てんしていたから、こちらを疎かにするわけにはいかないのだ。

もとよりドン・キホーテのような大型店では、「泥棒市場」のように私が「エースで四番で監督」の仕事をするのは不可能だし、それでは何の発展性もない。私がいなくても、従業員のチームプレイで回っていかなければ、そもそもドン・キホーテを始めた意味がない。あくまでドン・キホーテは〝企業化〟と〝多店舗化〟が前提だ。

ことあるごとに私は、現場社員たちに、「大手のマネをせず、個性的な店を作ろうよ、そうやって大きくしようよ」と夢とロマンを語った。

その場では頷く彼らではあったが、私が問屋の仕事にかまけてしばらく目を離すと元の黙阿弥《もくあみ》、大手小売業と変わらぬ店づくりになっている。

私は従業員に噛んで含めるように圧縮陳列を説明したが、やはり理解してくれない。言葉で説明することを諦めた私は、従業員の前で実際にそれをやって見せ、手取り足取り、マンツーマンで必死に教えた。

でも、できない。いくらやらせても、私の言う圧縮陳列とは似て非なる、単に雑多な商品の山積み陳列にしかならないのだ。

私にはまったく理解できなかった。これだけ教えているのに、なぜ私にできることが従業員にはできないのか。なにもサーカスの荒業や曲芸を仕込もうというのではない。たかが商品の陳列ではないか。しまいには「そろいも揃って、こいつらアホか」とさえ思った。

しかし「アホ」なのは逆に私の方だった。私のやっていたことは、巨人軍の長嶋（終身名誉）監督が高校球児を相手に、「ボールをキッと睨《にら》みつけ、ググッと引き寄せてから、こうしてビュンと振りぬくんだ。どうしてできないの？」と言っているようなものだったからである。

よく考えてみれば、そんな非常識で複雑怪奇な売場を、ズブの素人が簡単につくれるわけがない。まして流通の経験者などはなまじ「常識」がある分、よけいにそれができない。いつも崖っぷちに立ち、死に物狂いで会得したオーナーの個人技が、サラリーを対価に働く従業員にすぐ乗り移るわけがなかったのだ。できなくて当り前である。

しかし、それができなければ、自分の描く理想のドン・キホーテ像はもろくも崩れ去ってしまう。いったいどうしたらいいのか?

一万円札焼失事件

私は頭を抱え、イライラしては従業員たちに当り散らした。だから彼らも次々と店を辞めていく。その頃、私と従業員たちとの葛藤は頂点に達していた。

こんなこともあった。その後も社内で語り継がれることになる「一万円札焼失事件」だ。

私が「これは売れる」と自信を持って仕入れた商品が、なぜか店頭に並ばず倉庫に眠ったままというようなことが度々《たびたび》あった。後で知ったことだが、従業員が「どこにでもある売りやすい定番商品」を優先的に品出しして、私が得意としていた「売りにくいが利益率の高い非定番のスポット仕入商品」を敬遠していたからである。

ある日、そうした商品がまたぞろ倉庫の片隅に、隠すように放置されているのを発見し、ついに私の堪忍袋の緒が切れた。

私は担当の従業員を集め、彼らの目の前で財布から一万円札を取り出し、ライターで火を付けた。一万円札は灰皿の中で、勢いよくメラメラ燃えている。

「なにバカなことをするんですか！　もったいない！　やめて下さい！」

従業員たちが慌てふためいたのは言うまでもない。

私は彼らにこう言い放った。

「どうだ、俺のこの行為はバカげているだろう。でもお前たちがやっていることはもっと愚かだ。俺の損はたかが一万円だが、陳列すれば何十万円もの儲けになる商品を、みすみす倉庫に抛《ほう》っておくのはどういう了見か！」

これは咄嗟《とっさ》に出た行動で、準備をしたパフォーマンスではない。自分の金でもお札を燃やすのは法に触れるらしいが、もちろん当時はそんな知識もない。

そんなドタバタ劇のようなことを繰り返しながらも、私は頑として流通のプロや経験者を雇わず、ドン・キホーテをあくまで素人集団で押し通した。それくらい、事業、業態としての独自性にこだわったのである。

なぜそこまでこだわったのか。少なくとも、定番商品を主体に、教科書どおりきちんと整理整頓された店や売場に、「買い物の面白さ」は決してないこと……これが「泥棒市場」で私が学んだ最大の教訓だったからである。

もちろんその後も私は、八方手を尽くした。それでも思うような店はなかなかできない。「こうすれば売れる」「こうやれば人気が出る」と分かっている。しかしそうした「泥棒市場」のノウハウは、私の頭の中にあるだけで、どうやっても現場の従業員には伝わらない。

結局、独自の経験値を言葉で共有することは不可能なのだ。すなわち、「原体験の未共有による意識の乖離」というやつだ。これが最も辛い、創業期最大の生みの苦しみとなった。

権限委譲の開眼

いったいどうすれば従業員に私の考えが伝わるのだろう？

例のごとく、私は悶々とはらわたの底からもがき苦しんで考えた。

教えなければ従業員は動かない。もちろん当時のドン・キホーテには、いちいち指示しなくてもオーナーの意を汲んで動く、〝できる社員〟など一人としていない。

「もうダメだ、やめよう」と思ったことも一度や二度ではない。店の売却話に心を動かされたこともある。しかし、最後に踏みとどまった。

そして悩みに悩んだ末、最終的に私は教えるのをやめた。あれほど教えてもダメなのだから、そもそも教えるという行為自体が無意味なのだ。そう結論せざるを得なかった。「これでダメならきっぱり諦めよう」と腹をくくって、「教える」のではなく、それと真逆のことをした。

「自分でやらせた」のである。

それも、一部ではなく全部任せることにした。従業員ごとに担当売場を決め、仕入れから陳列、値付け、販売まですべて「好きにやれ」と、思い切りよく丸投げしたのだ。しかも担当者全員に、それぞれ専用の預金通帳を持たせて商売させるという徹底ぶりである。これこそ、のちにドンキ最大のサクセス要因となる「権限委譲」と「個人商店主システム」の始まりだ。

とはいえ、あっさり気前よく権限委譲したわけではない。私は当時、卸売業も営む商品の選定・仕入れ・販売におけるプロである。迷いや逡巡がなかったと言えば嘘になる。料亭の板長が、見習いの皿洗いに板場を任せるようなものだから、裏ではハラハラしどおし

当時の東京・府中１号店。店の外までぎっしりと商品が並ぶ

だった。実際、観察していると、たとえばライバル店の売価より高い値段で仕入れてくるとか、さらには私が卸で他の問屋に売った商品そのものを、そこから仕入れてくるなどというヘマや失敗は山ほどあった。なんというアホかと、どやしつけたくなったこともある。

それでも私は手と口を出さずにじっと耐え、彼らを見守った。以前とはうって変って、社員がいきいきと仕事をしだしたからである。

小売業をやっていれば分かるが、販売は嫌いでも仕入れが嫌いという人間はまずいない。たしかに仕入れには買い物同様の快感がある。個人の買い物と違って数量が多い分、心地良い緊張感も伴う。しかも会社の金で自由に買い付けができるのだから、これほど楽しく刺激的なものはない。

しかし自分で好き勝手に仕入れた以上、責任を持ってそれを売り切らねばならない。メーカーや問屋からは次々と段ボールが届き、みるみる山積みにされていく。担当者は到着した商品をすぐ品出しし、目の色を変えて自分が任された売場にそれを陳列するようになった。

しかし単に商品を並べるだけではなかなか売れない。当然売れ残りも出る。時には大失敗もやらかす。だから「どうすれば一番良く売れるのか？」を皆必死に考え、色んなアイデア、方法を試みる。商品や売場のアピールもしなくてはならないから、競うように自ら手書きのＰＯＰも書く。

そうこうするうちに、彼らはいつの間にか圧縮陳列と独自の仕入術を会得していった。結果的に私は、「泥棒市場」時代の自分と同じ環境に彼らを追い込み、そこでの原体験を疑似共有させたことになる。要は自ら考え、判断し、行動する「体験環境」を用意してやれば、従業員たちに〝頭脳と創造性〟がひとりでに育ってくるのである。

それまでの怠け者たち（失礼!!）が一変して、勤勉かつ猛烈な働き者集団と化したのには、もう一つ理由がある。

権限委譲によって、仕事が労働（ワーク）ではなく、競争（ゲーム）に変わったからだ。社員同士で競いあいながら、面白がって仕事をするようになれば、以心伝心でお客さまもそれを面白がり、店は一気に熱気と賑わいに包まれて行く。

ゲームをする上で、私は以下のような方針を定め、厳守させた。これが成功の決め手になったと思っている。

- **明確な勝敗基準**（勝ち負けがはっきりしないゲームはゲームではない）
- **タイムリミット**（必ず一定の時間内に終わらなければそもそもゲームにならない）
- **最小限のルール**（ルールが多くて複雑なゲームは分かりにくくて面白くない）
- **大幅な自由裁量権**（周りから口を出されるゲームほどヤル気が失せるものはない）

問題は自分にあり

権限委譲の過程で、私は大切なことに気づいた。それまでの私は、「社員が俺の言うとおりに働かない。だから社員が問題なんだ」と思っていた。しかし、じつは問題は社員ではなく、私自身が問題だったのだ。

自分自身の誤謬《ごびゅう》に、その本人が気づくのは非常に難しい。追い込まれたら、ますます自己のやりかたを強化する人も多い。だから、さらに悪循環になる。自分自身が問題だと気づいても、なおかつ自分を無にするというのは、これは難しい。

しかし私の場合、潰れる寸前まで追い込まれていた。もう潰れると思っているから、プライドもへチマもあったもんじゃない。だから大きな決断ができたのかもしれない。

権限委譲がうまく行き始めると、人材も集まりだした。

その頃、後のドン・キホーテ代表取締役社長となる成沢潤治（一九九二年入社／入社当時三十歳／二〇一三年病気療養のため退任）と、ドンキホーテホールディングス代表取締役社長となる大原孝治（一九九三年入社／入社当時二十九歳／現職）が一号店に入社してきた。この二人はそれまでの従業員と違って、当初から私の言うことが理解でき、どちらも図抜けて仕事ができた。また二人とも私と同様、めっぽう負けず嫌いで、お互いにライバル心をむき出しにし、それを隠すことがなかった。

私はあえて二人を古参社員のごぼう抜きとなる大抜擢をして、意識的に張り合わせた（二人とも一九九五年に初の生え抜き役員にスピード昇進）。それが、のちに成沢本部長率いる第一営業本部（一営）と、大原本部長率いる第二営業本部（二営）となる。初期のドン・キホーテはこの一営、二営による激しい張り合いと切磋琢磨が、急成長の原動力になるのだが、それに関しては後述する。

ともあれ、たまたま同時期に一号店に入社した現場叩き上げの社員二人が、揃って年商数千億の一部上場企業の社長にのぼり詰めたのは前代未聞ではないだろうか。当社がいかに現場をリスペクトしているか、この事実からもお分かりいただけよう。

「信じて頼む」経営

ところで、権限を委譲する上での最大要件は、ベタな言い方だが「人を信頼すること」――これに尽きる。

社員を信頼し、仕事を任せれば、皆一生懸命になる。さらに仕事が面白くなってゲーム化することで社員には「勝ちたい」という強い気持ちが芽生える。当然のことながら、勝つと嬉しいし、負けると悔しい。だからゲームはやめられなくなる。この繰り返しにより、皆のレベルがスパイラル的に上昇し、現場はどんどん進化し、何度も脱皮して成長する。

この好循環こそ、他の多くの流通小売業と全く違う文化とＤＮＡを持つ、ドン・キホーテの根源的なパワーの源である。

信頼は「信じて頼む」と書く。たとえば、「君を信じている。頼むよ」と言われるのと、「ちゃんとやっておけよ」と一方的に命令されるのとでは、人が動かされる力に、天と地ほどの開きが出るだろう。

人は信じて頼まれれば、意気に感じてやるものである。そうした性善説に基づく経営をすれば、自然と信頼の輪が生まれる。

少し時間軸はずれるが、それを象徴するようなエピソードを紹介しよう。

二〇一一年三月十一日の東日本大震災では、当社の北関東〜東北ブロックの店舗の多くが壊滅的な被害を受けた。震災発生直後、被災各店は本部とはもちろん、各店間でも全然連絡が取れない。だから店長はじめ従業員たちは、どう動いていいのかまるで見当がつかない。それどころか、自分たちの家族の安否さえ不明という、大変な状況下に置かれた。

にもかかわらず彼らは、期せずして全く同じ行動に出た。被災直後の当日から、必要な生活物資を店から出し、停電でレジが打てなくても各自で電卓を持ち出し、どこよりも早く店頭で手打ち販売を始めた。また、店内に置いていても傷むだけの生鮮食品やチルド商品は、すべて無料でお客さまに差し上げたのである。さらに炊き出しをやり、被災者にふるまった店も複数店あった。

もちろんこれは、本部の指示でも、私の命令でも、まして誰かにお願いされたわけでもない。すべて、現場の判断により、自主的に行われたことである。後日それを知った私は、「信じて頼む」経営を、この時ほど誇らしく思ったことはない。

攻めはアグレッシブに。守りはベーシックに

さて、こうしてドン・キホーテ一号店の府中店は、開業一年後あたりから何とか軌道に乗りだした。三年目の一九九一年には年商十四億四千万円と、当初目標の十五億円に近づいた。以降、九二年に十七億八千万円、九三年二十億八千万円と順調に伸びていく。ちなみにピーク時の年商はその倍の四十億円を超えた（九八年六月期）。一坪（三・三㎡）あたりの年間売上高は二千八百七十八万円で、一般的なスーパーなどの軽く十倍以上の坪（販売）効率である。

この一号店を軌道に乗せ、九三年の二号店（東京・杉並店）開業に漕ぎ着くまでの四年間が、最も苦しい時代となった。同時にこの四年間には、ドン・キホーテを今日の成功へと導いた要素がすべて凝縮されている。

私は、府中店が順調に稼動しだしても、二号店の出店には慎重だった。なかなかいい物

件に巡り合わなかったこともある。

そこで、まずは守り（内部固め）をじっくりやって、納得するまでスキルアップを図ろうと決めた。前述したように流通のプロはいっさい雇わなかったし、他とまるで違うやり方だから、人が育つには時間がかかる。この際、手塩にかけた独自のノウハウを醸成させる時期だと思ったのである。

さらに、攻め（出店）を控えるかわりに、ＰＯＳ（販売時点情報管理／九二年導入）やＥＯＳ（オンライン受発注システム／九三年導入）などに投資して、内部の基盤整備に注力した。店舗経営は攻撃だけでは成り立たない。

私は万年強気で攻撃的な経営者、と世間から見られているようだが、実際は違う。むしろ私の実感としては、守りのほうが得意な経営者だと思っている。いかに破壊的なパンチを持つ天才ボクサーでも、ノーガードでは、必ずいつか一発を喰らってダウンする。少なくとも攻撃力に見合う防御力がなければ、絶対にチャンピオンにはなれない。

だから私の信条は「攻めは他人がやらないことをアグレッシブに。しかし守りはベーシックに」だ。そもそも守りの基礎ができていなければ、アグレッシブな攻撃など怖くて仕掛けようがない。

バブルに踊らなかった「見」がツキを呼ぶ

攻めと守りの関係で言うなら、私はバブル時代に一切、財テクや土地転がしなどの「攻め」には出なかった。

ドンキ草創期、私の周囲には不動産取引で巨額のカネを儲けている連中が山ほどいた。一晩で一億、二億儲けたという話はザラ。一方の私は、商品ひとつ売って五十円、百円の積み上げをやっている。絶望的な落差だ。私もかつては不動産業界で鳴らした男だから、一丁やってみるか……という誘惑に駆られたことも正直あった。

ただ、「いまから手を出したら、絶対にやられる」というのは、直感的にわかっていた。若い頃に麻雀で養った勝負勘が、頭の中でアラートを鳴らしていた。

一度でもバブルの甘い汁を吸ったらやめられないだろう。アル中の一杯、禁煙中の一本と同じだな……私は自分の意志の弱さもよく知っていた。ここはすべて見送るしかない。

つまり、勝負事でいう「見《けん》」に徹したのだ。

案の定、見送って正解だった。バブルは弾けたが、ドンキは全く無傷で済んだ。

それればかりか、思わぬ「ツキ」も転がり込んできた。バブル崩壊後、好立地の店舗が売りに出され、ドンキはそれらを格安で手に入れることができたのだ。その後もバブルが弾けては買い、弾けては買いを繰り返してきた。なお、現在はほとんど買っていない。

まじめで能力と才能にも恵まれているのに、なぜかビジネスでうまくいかない人がいる。そんな人は、私に言わせると、「見」ができていない。つねに全力疾走でいると、危険を知らせる微妙な変化にも気づかないのだ。彼らは一生懸命であるあまり、自分の墓穴を掘るにも一生懸命になってしまう。

ビジネスは長期戦だ。これから起業しようという人は、いたずらに尻込みする必要はないが、「見」をすべき局面もあるということを知っておいたほうがいい。

「定番六割・スポット四割」

二号店の杉並店が開業したのは一九九三年の十一月である。その頃は府中店が売上二十億円の大台を突破し、腹の底から「絶対にこれ（ドン・キホーテ）はいける」との確信を得ていた。実際、杉並店は初年度からいきなり十五億円の売上を記録する。

またこの頃から私は、小売業にほぼ専念するようになった。卸売業「リーダー」のウエイトは徐々に下がり、その後、一九九五年に株式会社ジャストから株式会社ドン・キホーテに商号（社名）変更した頃にはリーダーの卸売機能は、もはや有名無実化していた（現在、リーダーは連結子会社）。

だからといって、リーダーに意味がなかったかというと、そんなことはない。

第1章では明かさなかったが、私が小売業への再参入を決めたのには第三の理由があった。それは、当時の本業であるリーダーそのものの安定と拡大である。

私は小売業への強い執着をもっていたが、ドル箱であるリーダーをやめるつもりもなかった。ある意味、二股とも言えるヘッジをかけていたわけだ。私はリーダーからの仕入商品だけで成り立つ「オンリーショップ」制度の確立に次なる活路を見出していた。不特定多数の取引先への卸売よりも、オンリーショップへの商品供給の方が、はるかに効率の良い成長拡大が見込める。

そこで、ドン・キホーテを、そのモデル店舗にしようと思ったのである。少なくともドンキが広告塔の役目さえ果たしてくれれば、たいして儲からなくても本業（リーダー）でモトがとれる。あわよくば儲かり一石二鳥だ……私は、そう〝打算〟していた。

ところが、私の目論見はあてが外れる。ドンキは「たいして儲からない」どころか、前述のように屋台骨を揺るがすような大赤字だ。「一石二鳥」転じて、「二兎を追う者一兎を得ず」のような笑えぬ事態である。

こう記すと、「リーダーかドンキか」の選択に悩んだかのように見えるが、私の中ではそうではなく、「リーダーからドンキへ」と連綿と繋がっている。そもそもリーダーも、私の中では「泥棒市場」の進化系だ。

たとえばドン・キホーテの基本商品政策は、「定番六割・スポット四割」であるが、これはリーダー時代に編み出された。この比率は一号店以来、当社不変の黄金比率だ。スポット商品とは、非定期的な仕入品のことだが、これは仕入価格が安いため、定番商品よりも粗利益が多く取れる。六割の定番で手堅く商売し、四割の「スポット」で大きな利益を稼ぐ。そのオリジナリティとノウハウはリーダーなくして得られなかった。

ユニクロや無印良品のように、自社生産機能を有する製造小売業を「SPA（speciality store retailer of private label apparel）」と呼ぶが、その伝《でん》でいけば、ドン・キホーテは卸売機能を内包した〝問屋SPA〟とも言える。そのため他社がマネしにくく、大きな参入障壁の一つになっていることは、意外と知られていない。

すなわち「リーダーなくしてドンキなし」である。私の中でのドン・キホーテ像は、「泥棒市場」という起業家を祖父に、「リーダー」という事業家を父に持つ、三代目の革命児ということになる。

立地難を解消した「ソリューション型」出店

話は戻るが、二号店も場所選びには苦労した。またしても私は長期間、物件データと首っ引きとなった。しかし、前述した府中店のような〝奇跡〟はなかなか起こらず、一向に有望な敷地をモノにすることができない。

待ちの姿勢では埒《らち》があかないと判断した私は、奇策に打って出た。

業界新聞で今後の店舗リストラ策が報道されていた大手外食チェーンの本部に飛び込みで訪問し、店舗開発部長と面談した。そこで私は、「退店予定物件があれば、是非ウチに任せて欲しい」と持ちかけたのである。

これはよくある退店済み店舗への居抜き出店とは異なる。本来はスクラップしたいのだが、契約期間の縛りがあって（違約金等をとられるため）営業せざるを得ない店舗を、当方が肩代わりするわけだから、相手方のメリットは、単なる居抜き出店よりはるかに高い。

こうした出店方式をドンキ独自の「ソリューション（問題解決）型」と呼んでいる。

二号店、四号店（千葉・木更津店／九五年開業）、五号店（千葉・幕張店／同）は、いずれもこの外食チェーンからのソリューション型居抜き物件だった。結果としてドンキは、大手流通資本の店舗開発力を格安で手に入れ、多店舗展開が容易になったのである。

他とは一味違うソリューション型の出店手法は、のちに北海道や関西など〝飛び地〟へ進出する際も大いに役立った。いずれも地場の中堅家電量販チェーン（そうご電器、和光電気など）と組んだ、当社の集客力が期待されての家電既存店への共同出店である。ちなみにその後、これらの家電チェーンは経営破たんし、当社がそれ（既存店舗）を全面的に引き継ぐという、予期せぬ結末を迎えることになる。

それはともかく、いつの間にか当社にはソリューション型出店という、独自の必勝パターンができ上がっていた。今でも当社は、全国の郊外SC（ショッピングセンター）の大型空きスペース等に〝請われて〟出店するソリューション型出店を戦略的に推し進めている。

ドン・キホーテは総合品揃えの繁盛ディスカウントストアという性格上、出店しようとしても、商店街やSCなど専門店が集積するエリアや施設から排斥されることが多かった。また当時は、圧倒的に夜の若者客が主体で、年配や保守層の方から敬遠され気味だった。それが後に住民反対運動に発展するわけだが、それについては後述する。

ともあれ何が言いたいかというと、ドンキは宿命的に店舗開発の難しい業態だったのである。それゆえ、商業専門の不動産屋やリーシングブローカー等にアウトソーシングしてもなかなかうまく行かず、自社で内製化するしかなかった。

だが逆にこれがその後のドンキの大きな武器となった。すなわち、〝問屋SPA〟ならぬ〝店舗開発SPA〟としての強さを発揮し始めたのである。今では、当社ほど店舗開発マーケティング力とスキルの高いチェーン企業はないと自負している。ちなみに私自身、この難業務を最も得意としていた。

これもまた、苦肉の策の逆張りで奏功した一例である。

株式公開と「自分を暴走させない」ための御法度五箇条

一九九三年の二号店出店以降、面白いように売上が伸びて行った。九五年からは本格的な多店舗展開を開始。満を持してアグレッシブな攻撃に打って出たのである。ライバル企業はバブル崩壊で深刻な不況にあえぎバタバタ倒産していたが、逆に当社は「ドンキ破竹の快進撃」（当時の商業誌記事の見出し）が始まった。

翌九六年は年間売上百億円超えを達成。さらに同年十二月、ドン・キホーテは株式店頭公開を果たした。一号店開設から数えて八年目のスピード公開である（九八年に東証二部上場、二〇〇〇年に東証一部銘柄に指定変更した）。

株式公開を決意したのは、その三年前のある会議の席上、社員への景気づけのつもりで「将来は株式の公開もあり得る」と思わず口走ったことに端を発する。

「また社長のホラ話かよ～」と社員たちは笑って聞き流すと思っていたが、案に相違して彼らは色めき立ち、「やろう！　やろう！」と異様に盛り上がってしまった。そうなれば、もう後には引けない。

もっとも当時の私は、さすがに株式公開は時期尚早だろうと考えていた。ところが、知り合いを通じて大手証券会社出身のコンサルタントを紹介され、それが十分可能であることを知る。彼の指導のもと、その後わずか約一年で公開に漕ぎつけることができた。

その時、コンサルタントから私は、株式公開のメリット、デメリットを叩き込まれた。また、「法令順守（コンプライアンス）だけでなく、企業統治（コーポレート・ガバナンス）という概念をしっかり持ってもらわなくては困る」と釘を刺された。

一方、能天気な私は「株式を公開すれば大金持ちになれる」と有頂天になっていた。当時、ドン・キホーテの株はほとんど私が所有していた。公開で希薄化されても、私は依然五〇%以上を握る筆頭株主である。もっとも、（言うまでもないことだが）その資産は私が自由に使うことができない金である。「金持ち」と「株持ち」はまさしく似て非なるものであることを、私は後に痛いほど思い知らされた。

話がそれたが、私はコンサルタントの助言に素直に従い、公開するにあたって自らの姿勢を改め、会社を再構築することにした。

それまで私にとってドンキとは、自分の願望を叶える道具でしかなかった。だが、これからはそうした〝我欲〟を捨て、〝社欲〟に転化させていかなければならない。少なくとも社会の公器である公開企業（パブリックカンパニー）を、「俺のもの」と考えるようではお話にならない。

一方、ドンキでは権限委譲が行き渡っているから、私も社員も誰にも気兼ねすることなく、かなり自由気ままなやり方で仕事をしていた。売場というゲームの戦場で各人が実力を最大限発揮するには、自由に闘えることが一番だ。そのためには規制はできるだけ少ないほうがいい。一方で、最低限の反則を決めておかないと、公平なゲームはできないし、公開企業になるのだから、それにふさわしい規則や約束事も必要になる。

同時に私は、創業経営者にありがちな独裁者や暴君にだけは絶対になるまいと、この時

御法度五箇条

一、公私混同の禁止

・職務以外の目的で会社の商品、設備等を使用すること
・職務時間を私用の目的で使用すること
・私物を直接パートナー企業から仕入れ、原価のまま購入すること
・職場において業務遂行上、不都合な服装をすること
・会社内において業務に関係のない活動を行うこと

二、役得の禁止

・パートナー企業からの接待並びに付届（お中元、お歳暮等）を受けること
・パートナー企業からの私的な便宜、配慮を受けること
・パートナー企業から職務上提供された物品を私的に利用すること

三、不作為の禁止

・速やかな報告、連絡、相談を怠ること
・職務上知り得た機密及び不利益な情報を安易に漏らすこと
・職務上とはいえ商品をみだりに濫用すること
・知り合い、従業員に値引いて販売すること
・商品及び什器備品の取扱いや保管管理が杜撰なこと
・消耗品をいたずらに浪費するなど節約観念を堅持しないこと

四、情実の禁止

・上司が私的に部下を利用すること
・従業員間で金銭の貸与及び贈与をすること
・結婚において上司が仲人をすること
・見て見ぬふりをして「誤った社内的な和」を守ろうとすること
・出退勤時等に自分以外の従業員証を通したり、また通すように頼んだりすること
・個人的感情から互いに助け合わず、円滑な業務の妨げとなること

五、中傷の禁止

・個人の家族や家柄、異性関係等のことを社内で噂すること
・仕事の評価をその人を交えず批判ばかりすること（批判は良いが切磋琢磨すべく本人の面前で率直に話すべきである）

固く誓った。

私はこれを機に、「公私混同の禁止」「役得の禁止」「不作為の禁止」「情実の禁止」「中傷の禁止」の五つからなる御法度五箇条（前ページ参照）を定めた。

じつは御法度五箇条には、創業者である私自身を縛るという目的もあった。

私は見かけによらず、妙に几帳面で義理堅いところがあり、人に明言したことは必ず守るようにしている。御法度にしてそれを明文化すれば、自ら従わないわけにはいかない。そうやって自分をがんじがらめに縛っておけば絶対に暴走しないだろう、と考えたのである。結局、御法度五箇条に最も影響を受けたのは、他ならぬ起草者の私自身だ。

私は本来、浪花節型の人間であるから、ことさらこうした点を戒めるようにした。社員同士の馴れ合いや情実は、百害あって一利もない。だから当社では上司が部下の仲人になることさえも禁止している。本来、社員は純粋に仕事の能力だけで評価されなければならない。仕事や人物評価に対する眼を曇らせないための措置だ。

いずれにせよ、御法度五箇条の発布後は社員に一体感が出て、社内に一本筋が通った。言い換えれば、あの時点でドン・キホーテは、安田商店から企業へと生まれ変われたのではないか。私の中でもドン・キホーテは、個人の欲望と野心を叶える手段から、社会的任務と社会貢献を遂行するための対象物に、明らかに変質した。

街おこしの起爆剤となった新宿店

株式公開翌年の一九九七年十月、ドン・キホーテ新宿店が開店した。第八号店となる新宿店は、当社初の都心大型店舗（売場面積約三百坪）であり、ドンキが一躍全国に名を馳せ、その後さらに急成長する原動力となった。

また新宿店の成功により、それまでの郊外ロードサイド立地だけでなく、都心や繁華街を、当社独自の得意立地にすることができた。以降、渋谷、新宿東口、六本木、池袋、銀座、秋葉原と都心に出店して行くが、これらはいずれも〝超〟のつく大繁盛店になった。

さらに都心店舗で先鋭的なイメージと情報を発信することにより、郊外店の人気と売上も共振して一気に跳ね上がることが分かった。こうして、都心と郊外の二本立て型出店が、その後の当社の基本戦略となる。

もっとも社内には「新宿店の出店はリスキー」だとして、根強い反対意見があったのも事実である。同店は職安通りに面し、決して好ロケーションとは言えない裏通り的街区だった。職安通り一帯は、今でこそ大勢の観光客が押し寄せるわが国最大級のコリアン商業

決算推移表

決算期	売上高	前年対比	経常利益	前年対比	店舗数
1996年6月期	113.7億円	206.3%	5.8億円	156.26%	6
1997年6月期	159.5億円	140.3%	7.7億円	132.6%	7
1998年6月期	255.2億円	159.9%	15.0億円	194.6%	10
1999年6月期	465.2億円	182.3%	36.7億円	244.9%	19
2000年6月期	734.0億円	157.8%	58.9億円	160.4%	27

タウンとして大いに栄えているが、当社が進出した当初は、〝ちょっとコワい〟エリアで、少なくとも当時の流通業界の常識からすれば、誰もが出店に尻込みするような街区だった。

それをドンキが大きく変えた。深夜も煌々と明かりを灯して営業する新宿店が核となり、周囲に他の飲食店や物販店が自然発生的に集積し、夜も賑わいの絶えない商業街区へと、徐々に変貌していったのだ。要はドンキが、街おこしの起爆剤になったのである。

ミラクルを可能にした十のキーワード

この頃のドンキは、まさしく〝爆走〟という表現がふさわしい急成長ぶりだった。社内も〝イケイケドンドン〟といったムードで沸き返っていた。この時代の各期末決算を上に示した。今、思い出してもぞくぞくするような、まさに「破竹の快進撃」だった。

なぜ、奇跡のような成長が可能だったのだろうか。当時の日本は経済停滞・デフレ期の真っ只中で、多くの流通小売業が消費低迷に苦しんでいた。そうした中、当社が一人勝ちを謳歌できた要因を、ここで簡単に整理しておこう。

① ナイトマーケット

ドンキ最大の成功要因は「ナイトマーケット」の発掘とその開拓にある。当時、店が最も混み合うゴールデンタイムは夜十時から午前二時、逆にアイドルタイムは午前十時〜午後二時と、一般的な店と完全に逆転していた。

ドンキは今どきの若者の「夜の宝探しの場」として、彼らの潜在ニーズを顕在化させた。言い換えれば、新たな市場を創造したということだ。それにより、当社は莫大な〝創業者利益〟を享受することができたのである。

② CVD＋A

これは「より便利に（CV：コンビニエンス）」「より安く（D：ディスカウント）」「より楽しく（A：アミューズメント）」を意味する。ドンキ不変の業態コンセプトだ。

世間に便利（CV）な店はあまたある。安い（D）店もある。さらに「便利で安い（CVD）」店もあるだろう。しかし私に言わせれば、それは「1＋1＝2」の効果を産むに過ぎない。「便利で安い」に留まらず、「楽しさ」（A）を付加することにより、「1＋1＝無限大」の相乗効果を発揮し、初めて深夜営業も可能になる。

初期の頃、ドンキに来た人に店の印象を聞くと「夜の祭りや子供の頃に行った駄菓子屋」「ちょっとディープなアジアのバザール」といった答が返ってきた。多くの人が、ドンキにえもいわれぬ〝ワクワク感〟やある種の〝怪しさ〟を感じたようだ。

ともあれこんな奇妙奇天烈（？）なコンセプトを持つ業態は、日本はもちろん、世界中を探したって見当たらない。そうしたオンリーワンとも言うべき業態の独創性が競合を排除し、一人勝ちを支えてくれたのである。

③トイレットペーパーからスーパーブランドまで

ドンキには何でもある。日常生活用品から食料品、衣類、雑貨、化粧品、家電製品、さらにロレックスやルイ・ヴィトン、シャネルなどの高級ブランドまである。要は一箇所の店で、何でも買うことができる。こんな業態も世界に類例がないだろう。

約三百坪の売場で、約四万品目の品揃えがある。さらに後年主流となる大型店は、八万〜十万品目と総合スーパーをはるかに上回る品揃えだ。

④ 圧縮陳列

しかしドンキの広さはスーパーの十分の一からせいぜい五分の一程度しかない。だからこそ、「圧縮陳列」が不可欠になる。

一坪当たり百品目以上の商品をぎゅうぎゅうに詰め込むこの「圧縮陳列」により、売場はジャングルさながらとなる。これが「売場探検」「宝探し」といった買い物の楽しさにつながり、ドンキにしか出せないエンターテイメントな雰囲気と魅力を醸し出す。

さらに、坪（販売）効率を高めると共に、バックヤードを不要にする。というより、初期のドンキには、そもそもバックヤードという発想がなかった。商品はすべて店頭に陳列される。もちろん流通在庫もゼロ。つまり圧縮陳列そのものが、すぐれた在庫マネジメント機能も果たしていたわけである。

⑤ 脇役商品

知名度はないが中身のしっかりした価値ある商品を指す。たとえば家電ＯＥＭ（相手先ブランド製造）製品の下請けメーカーが製造した商品などを想起すれば分かりやすい。これらは有名メーカー商品と全く同じ性能を持ちながら、ブランドや知名度がないため、安くしてもなかなか売れない。お客さまにその情報がないためである。

脇役商品は存在そのものに需要喚起力がないから、店側でそれを作る（アピールする）必要がある。つまり価格の安さ、性能の良さ、或いは無名メーカーだが技術力が高いなどの情報を、（陳列やＰＯＰの工夫などにより）お客さまに知らしめて初めてその価値が備わる。

もちろん脇役商品はスポット仕入れも多く、圧倒的に仕入値が低い。従ってお客さまに格安で販売しても高い粗利益率を稼げる。よって脇役商品は、顧客利益と自社利益を共に高めてくれる。ドンキでは脇役こそ主役商品と位置づけている。

⑥ POP洪水

面白さ、楽しさを演出するもう一つのドンキ名物がＰＯＰだ。まるで洪水のように、店内の至るところにカラフルなＰＯＰが顔を出している。しかもそのほとんどが手書きだ。

なかには「売れば売るほどドンキは赤字」「原価割れのため従業員購入不可！」など、思わず笑ってしまう芸が効いているものもある。担当者の情熱がこもったイキのいいPOPは、スポット商品や脇役商品に命を吹き込んでくれる。

⑦ 権限委譲と「主権在現」

現代の小売業の王道とも言われる「チェーンストア・システム」を、ドンキは全否定している。これは本部に情報と権限を集中させ、店運営の標準化と効率化を図ろうとするシステムで、極論すれば、店舗（現場）は自動販売機に過ぎない。

だが当社のやり方は全く逆だ。「主権在現」のスローガンのもと、仕入れから値付け、売場構成まですべての権限を各店の現場に丸投げする徹底的な〝個店主義〟を貫いている。各売場担当者には大幅な仕入権限と自由裁量権が与えられている。いわば一人一人が個人商店主となり、ドン・キホーテという商店街を形成しているようなものだ。

逆に本部は個人が出す結果、すなわち売上と経営数値を厳しくチェックする。それにより各人の客観的業績評価がなされ、それが賞与と昇給の多寡、さらに昇降格に直結する。ちなみに当社は、昔も今も半年ごとに報酬が変わる「半・年俸制」だ。

⑧ 変化への対応力と「顧客最優先主義」

主権在現だからこそ、ドンキには柔軟かつ臨機応変な変化への対応力がある。これこそ私は、ドンキ最大の強みであり、流通業の要諦だと思っている。

ドンキの仕事には、いわゆる「マニュアル」はない。マニュアルを与えれば、一時的には作業効率が上がるだろう。しかし、マニュアルに頼っている限り、それはあくまで「作業」であり、創造性をともなった「仕事」にはならない。これでは、うつろいやすいお客さまの心を敏感に読み取り、変化にすばやく対応することなど不可能になってしまう。

もう一つの要諦は「顧客最優先主義」だ。当社は企業理念のさらに上位に来る企業原理としてこれを掲げている。

「小売業は変化対応業である」と、よくいわれる。「お客様第一主義たれ」も同様である。しかしこれらをタテマエではなく真に実行している企業がどれだけあるか。私は、これを呆れるくらい愚直に突き詰めてきた。

⑨顧客親和性

たとえばターゲットが若者の場合、若者が主体となって売らなければ、商品は売れない。「こんなのダッサー」と若者が思うような品物が、若者に売れるはずがない。逆に高齢者がターゲットなら、やはり高齢者の気持ちがわかる人が売場作りをしなければダメだ。

ドンキの現場従業員は、各売場で基本的に顧客親和度の高い者が優先的に配置される。少なくとも若いお客さまの気持ちは、若い従業員でなければキャッチできない。「ドンキのMD（商品政策）はいつも新鮮ではずさない」と評価されるのは、この顧客親和性によるところが大きい。

⑩モノではなく〝流通〟を売る

チェーンストアには、買い物本来の楽しさや感動、意外性や驚きが欠落している。ドンキはチェーンストアへのアンチテーゼとして、それらをお客さまに提供している。

さらに言えば、ドンキは、モノ（商品）ではなく〝流通〟を売っている。ここで言う流通とは、生産と販売の間に介在し、それをスムーズにつなぐ付加価値のいっさいを指す。具体的に言えば、ドンキ独自の集荷・品揃え、見せ方、売り方、価格、各種プロモーション、店づくり、さらに商品担当者の思いなどである。こうした〝流通〟行為が、モノに新たな命を吹き込み、他店では決して味わうことのできない購買体験、言い換えれば時間消費をお客さまに提供している。これがドンキ最大の魅力であり、武器であり、そして本質的な参入障壁になっているのだ。

運命の暗転

これら十の〝ミラクル要因〟は、その後時代とともに臨機応変に変わっていったが、その根幹部分（コンセプト）は今も変わらない。また今後も変わることはないだろう。

私は五十歳という人生の節目を迎え、表には出さなかったが、内心は得意満面だった。誰の力もいっさい借りずに、文字通りゼロから起業してたった一人の流通革命を起こし、そしてわずか二十余年で年商一千億円級の一部上場企業に上り詰めた。

しかも、当時もてはやされていたＩＴ産業に代表されるトレンドを追うニュービジネスなどではなく、小売業といううれっきとした伝統的産業の世界で、確固たる成功を築いた。このポジションが、そう簡単に揺らぐことはないだろうと思った。

ようやく私は、学生時代に強い屈辱感と劣等感をもって決意した、「自ら起業して、ビッグな経営者になって見返してやろう」という思いを遂げたことになる。私はそこまでやり遂げた充実感と達成感に、一人密かに浸っていた。まさに「内心得意満面」である。

しかし、そんな私が、仮借《かしやく》ない現実に引き戻され、思い切り〝冷や水〟を浴びせかけられるような事態に暗転するまでには、そう時間がかからなかった。

というより、私とドン・キホーテにとって、本当の苦難と戦いが始まるのは、むしろこれからだったのである。

第3章　禍福はあざなえる縄の如し

突如勃発した住民反対運動

〝事件〟は一九九九年夏、何の前触れもなく勃発した。

同年六月に開業した五日市街道小金井公園店（東京・西東京市）に、周辺住民などから「夜十一時閉店」を申し入れられたのである。その理由は「夜間騒音解消のため」というものだった。

ドン・キホーテは深夜営業によって顧客から強力に支持されてきた店である。同店も他のドンキ同様、深夜三時まで営業していた。深夜を目指して来店されるお客さまのためにも、十一時閉店という営業時間変更は到底受け入れがたい。しかし、地域社会と共生する小売業として、周辺住民の方々の声や要望には、真摯《しんし》に耳を傾けなければならない。

そこで当社は急遽、現実的な対策を講じることにした。具体的には、騒音等でご迷惑をおかけしている近接住宅への二重サッシや空気清浄機の取り付け、またゴミ問題があれば巡回管理や路上清掃強化などの対策を、住民の皆様へ提案した。

しかしこれらはことごとく拒否され、事態は思わぬ方向に進展する。

当初のわれわれは、やや甘かったかもしれない。誠意をもって対応しさえすれば、何とかなるだろうと思っていたことも事実だ。なぜなら当時の大店法（大規模小売店舗法）のもと、同店の深夜営業は法律的になんら問題がなかったからである。

当然のことだが、企業は法規に則って事業を行っている。大店法では売場面積一千㎡未満の営業時間は原則自由、一千㎡以上なら時間規制ありとしていた。それに従い、同店は売場面積（九百七十三㎡）を犠牲にして深夜営業をしていた。もとより夜間騒音などの環境問題は、大店法とはまったく関係ない。

にもかかわらず、この問題はなぜか大店法の審議機関である大店審（大規模小売店舗審議会）にかけられた。もちろん大店審は本来、大店法により小規模小売店保護の見地から出店調整を行う場であり、そもそも環境問題を審議する場ではない。繰り返すが、もとより同店は、大店法の規制にかからない店舗である。当社が予想外の成り行きに驚き、困惑したのは言うまでもない。

しかも大店審の審議委員は、学識経験者、地元商工業者、地元住民の代表からなる。地元商工業者と地元住民は「反対」なのだから、これでは裁判官三人のうち二人が原告のようなものだ。そして彼らは住民の要望通り、「十一時閉店」という審議決定を下したのである。

さらに、その審議内容は「非公開」だ。当社は当事者なのに議事録さえ開示されない。

一方的な決定あるのみで、そこで具体的に何が問題になり話し合われたかは知る術《すべ》もない。これでは判決だけあって判決理由がないのと同じで、密室審議、もっと言えば暗黒裁判にも等しい。あまりの不合理に、私は開いた口がふさがらなかった。

もちろん、この決定は何の法的根拠もなく、拘束力はない。しかしドンキは自主的にそれに従った。その後も小金井公園店の営業時間は午前十時〜午後十一時で、全店中最も短かった（注）。

ドンキはお客さまへの配慮は万全だが周辺住民への配慮には少し欠けていたかもしれない……私はそう謙虚に反省した。ここはグッと自分を抑え、決して事を荒立てるべき時ではないと判断したのである。

（注）「ドン・キホーテ五日市街道小金井公園店」は二〇一五年四月、「ドイトプロ小金井公園店」に業態転換され、営業時間は午前六時三十分〜午後八時（日曜日のみ午前九時〜午後八時）となっている。

創業以来の経営危機

だが、私の願いもむなしく、この動きは他店に飛び火した。東八三鷹店（一九九九年五月開業）など他の店でも同様の住民反対運動が勃発し、さらには出店そのものへの反対運動まで巻き起こるようになったのである。

それを面白おかしく煽ったのがマスコミである。この時ばかりはドン・キホーテへの注目度の高さが裏目に出た。

「深夜営業の急成長企業vs地元住民」というニュースは格好のワイドショーのネタとなり、「企業エゴに対する住民の戦い」という一方的な構図で報じられた。それに反論すればするほど、待ってましたとばかりにマスコミは食いつき、ますますドンキを悪者に仕立て上げる。まさにアリ地獄のようなもので、こちらからは手も足も出ない状況に陥った。

社員がテレビの取材に応じて対応策を説明しても、その発言は大幅にカットされ、「ドンキ＝悪」という結論ありきで加工・編集され放映された。まるですべての住民が出店に反対し、ドンキのお客様は全員が暴走族であるかのような報道ぶりである。

もっとひどかったのは、ネットにおける誹謗中傷、罵詈雑言、流言飛語の類だ。いつの間にか、ドン・キホーテをつぶすための専用サイトなるものまで立ち上がっている。最近ではネット情報専門の危機管理会社があるが、もちろん当時はそんな防御手段もない。まさにサンドバッグ状態だ。デマがデマを呼び、それがネット空間で肥大しモンスター化するという異様な連鎖が繰り広げられていた。人は匿名になればここまで下劣な情熱を燃やせるのかと、怒りを通り越し薄気味悪くさえなったことを覚えている。

だが、相手は住民という〝絶対善的存在〟を錦の御旗にしているから、そもそも闘いようがない。何もできず、焦燥感は高じるばかりだ。

不可解だったのは、「住民」と称する人たちが大勢で各店に押しかけて大声をあげるのだが、どこの店にやってくる「住民」も、ほぼ同じ顔ぶれだったことだ。後からわかったことだが、彼らはある政治団体に属する市民活動家たちだった。そして、「住民」の抗議の現場には、なぜかいつもちょうどいいタイミングでマスコミが現れるのだ。

私は毎日、怒り心頭に発し、悔しさと不安が交錯して眠れない夜が続いた。

この動きがさらに拡大していけば、当社はナイトマーケットという最大の沃野を失う。深夜営業のできない当時のドン・キホーテは、翼をもがれた鳥にも等しい。かくして当社は、創業以来の経営危機に立たされたのである。

徹底した環境対応への努力

それでも私は、メディアによるバッシングに忍の一文字で耐え、「今は守りの時」と腹をくった。同時に私は、努めて謙虚かつ冷静な視点でこの問題を整理してみた。

そうすると、私自身の未熟さに加えて、ドンキが反省すべき点、そして明らかな戦略上の誤りが、鮮明に浮かび上がってきたのである。結局、当社は（自店に来る）お客さまのことだけを考え、その延長線上に地域住民の方々がおられることに、そもそも思いが至っていなかった。また市民活動家の人たちのことも、やや甘く見ていた、というより軽視していた。少なくとも彼らは、より良い社会を目指して活動する説得のプロであり、その影響力の大きさは決して無視できず、従って彼らの主張には、企業として真摯に耳を傾ける必要がある。そうした姿勢が、当時のわれわれには欠落していたのである。

ともあれ、そうした猛省も踏まえ、真正面から環境問題に取り組み、徹底的にその対策と施策を練った。ここは正攻法に徹するべきと判断したのだ。

たとえば利益の五％をあらかじめ環境対応コストとして予算に組み込み、店舗周辺の清掃、警備員による巡回管理や車誘導などを大幅に強化した。

「ミッドナイトヘルパー」サービスもその一環である。これは夜間に周辺住民が緊急性のある電球や電池、あるいは包帯や体温計等各種医療用品などを必要とした時、商品代、配達料無料で三十分以内に届けるというもの。電話一本で店スタッフが、必要商品を携えてご自宅まで駆けつける地域サービスだ。

こうした環境対応コストは、結局五％をはるかに上回るものになったが、その後も当社では優先度の高い必要経費として予算計上している。

とりわけ二〇〇〇年五月開業の環七方南町店（東京都杉並区）は、環境対応のモデル店舗と位置づけ、徹底的な対応を図った。同店では車騒音が外に漏れぬよう、採算を度外視して施設内に二百五十台収容の駐車場を設置した。これは売場面積七・二㎡あたり一台の割合であり、法の規定（大店立地法上は三十三㎡に一台）を大幅に上回る装備率である。

また敷地内にポケットパークを配するなど公共スペースを重視するとともに、店舗前の狭い公道を通りやすくするために建物をセットバックして道を広げ、約四百㎡の土地を杉並区に寄贈した。

こうした環境共生型の施設づくりのノウハウは、その後の新規出店でも大いに生かされている。

災い転じて福となす

今から考えると、その頃、当社には急成長に伴う歪みや、ある種の慢心もあったように思う。そうした中で起きた「環境問題」という外的ショックは、緩んだ社内を引き締め、歪みを是正する大きなきっかけにもなった。だから結果的には、災い転じて福となした、と言えるかもしれない。

しかも二〇〇〇年六月から、従来の大店法に代わって大店立地法（大規模小売店舗立地法）が施行された。これがドンキにとって決定的な追い風になった。環境の保護を主旨とした同法の施行により、地域環境問題は「密室」ではなく公の機関で白日の下、堂々と公開審議、公開審判されるようになったからである。

たとえば前出の環七方南町店の開発時期は、旧大店法下であったため、非常に難航した。法令基準を軽々とクリアする店づくりをしたにもかかわらず、開発段階での地元説明会等は旧大店法下でおこなわれたため、強烈な反対運動を受けた。だが大店立地法施行以降はそのようなことが一切なくなり（できなくなり）、当社の新規出店は何の問題もなく、きわめてスムーズに進むようになった。

繰り返すが、「環境の保護」を謳う大店立地法が、逆に当社の環境問題を解決する伝家の宝刀になったのである。執拗な反対運動を後押ししてきた市民活動家やマスコミにとっては、まさに皮肉以外の何ものでもないだろう。

もちろん当社の反省点も大いにある。いくら環境対応万全の店を作っても、それだけでは評価されないのだ。相手側の心理まで考えた行動をとらなければ、すべて水の泡と化す。結局、「住民や社会にどう受け取られるか」が、すべてなのだ。経営者としては、どのような社会的対応をすべきか、逆に何をしてはいけないかを、私はこの住民反対運動から痛いほど学んだ。

それにしても、あの住民反対運動は、一体何だったのだろう？　あれからまだ十五年しか経っていないが、まさに隔世の感がある。当時の反対住民は、その後のドンキの成長ぶりと今の姿を、どう評価しているのだろうか。

余談だが、その後のドン・キホーテは、たとえば二〇一一年四月に開業した岐阜・柳ヶ瀬店をはじめとして、出店反対の急先鋒だった地元商店街等から逆に請われて出店するようなケースも増えていくことになる。時代も変われば変わるものだ。

ITバブル崩壊でも逆張りして攻め込む

住民反対運動の一服後、私は反撃に打って出た。

ちょうどその頃（二〇〇〇年初頭）はITバブルがはじけ、わが国の不況とデフレは一層深刻化し、マクロな経済環境は最悪とも言える状況になっていた。

だが、つねに「逆張り」で伸びて来たドンキにとって、ここは千載一遇のチャンス到来だ。こんな時だからこそ、ドンキ向きの商品、物件、人材が大量に確保できると、私は読んだのである。

読みは当たった。バブル崩壊が進めば進むほど、スポット商品が仕入れやすくなった。店舗開発も競争が緩んで、いい物件が確保しやすくなった。その結果、後述するように全国区への展開のハードルが低くなった。

基本的に私の〝鉄板手法〟は、バブルの時は一切動かず、バブルが崩壊したと見るや、集中的に土地や物件を仕込み、思い切りよく攻め込んで行くというものだ。前述したように八〇年代後半〜九〇年代初頭のバブル時代は「見《けん》」を決め込み、崩壊と同時に動き出した。ＩＴバブル崩壊時もそうだったし、その後二〇〇八年のリーマンショック後のバブル崩壊時もそうだ。

人材確保も同様である。ドンキでは九〇年代半ば頃から新卒採用を始めたが、本格的に新卒採用強化に踏み切ったのは二〇〇〇年、いわゆる〝就職氷河期〟真っ只中だ。氷河期だからこそ、当時の当社の実力ではなかなか採用できないような優秀な人材も確保しやすくなった。その頃に入社した新卒社員の多くが、現在の当社の大幹部や執行役員に就いている。社内には「花の二〇〇〇年入社組」という言葉があるほどだ。

名実とも全国区デビューを果たす

二〇〇〇年には新中期経営計画として「2×4（ツーバイフォー）」計画を掲げた。これは二〇〇四年六月期で売上高を二千億円、経常利益二百億円、ROE（株主資本利益率）を二〇%、新規出店数年間二十店以上を達成しようというものだ。

当時は「大風呂敷」などとも評されたが、結果的にはこのマニフェストはほぼ達成した。二〇〇四年六月期の実績は、売上高一千九百二十八億円、経常利益百二十六億円、ROE一八・五%、新規出店数二十四店だから、「2×4」計画はまずまずの着地だったと言える。

ただしそうした数値公約にはマイナス面もある。数字そのものが一人歩きして目的化するなど不毛なプレッシャーや義務感に転化しやすいからだ。そのため、これ以降は具体数値目標の公開や明言は、極力封印するようにした。

当社では「2×4」計画達成にも向けた新兵器として、新たな業態を相次いで立ち上げた。その第一弾として二〇〇一年六月、「スモール・ドンキ」と呼ばれる小型ディスカウントショップ「ピカソ」一号店を、横浜市伊勢佐木町に出店した。売場面積三百〜五百㎡の小商圏対応型業態である。

さらに二〇〇二年四月には、当社が初めてデベロッパーを手がけるショッピングセンター「PAW《パウ》かわさき」を川崎市内に開業した。こちらはドン・キホーテを核店とするわが国初の二十四時間営業型「ナイトモール」だ。

一方、これまで首都圏を主戦場にしてきたドンキだが、二〇〇一年十二月、九州・福岡市に初の遠隔地出店をしたのを皮切りに、〇二年には北海道、関西（兵庫、大阪）へと、〝飛び地〟出店をして、全国展開を開始した。首都圏→関東一帯→東北や中部……といったジワジワ型の展開ではなく、あえていきなり遠隔地からの出店を始めたのは、遠隔地でもドンキが通用すれば、短期かつ無理のない全国制覇が可能になると踏んだからである。

実際、その読み通り、順調なエリア拡大が可能になった。二〇〇三年には京都（京都市）、栃木（宇都宮市）、愛知（名古屋市）、群馬（高崎市）、山梨（石和町）、茨城（土浦市）という具合に店舗網が広がり、同年末の店舗数は八十一店となった。

こうしてドンキは名実ともに全国区デビューを果たしたのである。

医薬品販売で厚労省とバトル

独自の手法で急成長したドン・キホーテは、注目度が高い分、よく叩かれた。ドンキは、良きにつけ悪しきにつけ、面白おかしく取り上げられ、報道されることが多いのだ。時にはまったく身に覚えのない火の粉が飛んでくることもある。仮にそれが理不尽な誤解や悪意から飛来したものであるならば、企業としては断固払いのけなければならない。あるいは「顧客最優先主義」の実践過程で、いわれのない「待った」をかけられることもある。こういう場合も、当方に理があるなら相手が誰であれ敢然と戦うしかない。

厚生労働省との戦いは、まさにそうした例だった。

ドンキは二〇〇三年八月から「テレビ電話による医薬品販売」を開始した。きっかけは、ドンキが深夜も営業していることを知り、緊急の医薬品を求めて夜中に駆け込んでくるお客さまが多いことだった。今でこそ改正薬事法（二〇〇六年改正／二〇〇九年施行）によって、薬剤師がいなくても一部の医薬品がコンビニなどでも買える時代となったが、当時はいかなる場合も、医薬品は薬剤師が対面で販売することが義務づけられていた。

ドンキでは医薬品も販売しているが、深夜に働いてくれる薬剤師はなかなか集まらない。夜中は医薬品コーナーをカーテンと鎖で閉ざしているため、目の前にある薬を、急病で困っているお客さまにお渡しすることができない。たとえば「歯が痛くて夜も眠れない」と、常用している薬の銘柄まで指定してくるお客さまにさえ、薬剤師不在で薬を販売するのは違法行為だ。

しかしこの状態に甘んじていては、「顧客最優先主義」の看板を下ろさなければならない。既成秩序に立ち向かうドンキの名がすたる。かといって、法に触れることはできない。何とかならないものかと全社的に検討した結果、「店舗にテレビ電話を設置し、センターに常駐する薬剤師が相談に乗ればいいのでは？」というアイデアが出てきた。これが当社独自の「ミッドナイト・メディスン・センター」というサービスである。

厚労省は当時から、大衆薬の「カタログ販売」を認めていた。カタログの申込用紙が認められるのなら、それをテレビ電話に置き換えてみてはという発想だ。リアルタイムで患者の相談を受けられるテレビ電話なら、安全性といった面からも明らかにカタログ販売より優れている。よもや違法性を指摘されることはあるまい、との判断で販売を開始した。ところが、すぐさま厚労省から、「違法の恐れがある」と待ったがかかった。繰り返すが、「違法である」ではなく「違法の恐れがある」だ。いかにも役所らしい表現だが、そう恫喝すれば平身低頭して自主規制するとでも思ったのだろうか。

そこで当社は、「カタログが認められるのに、なぜテレビ電話が認められないのですか」と厚労省に問い質した。その答は、「テレビ電話は店頭販売の延長と見なされ、店舗における薬剤師不在時の医薬品販売は薬事法違反の恐れがある」と、まさに木で鼻をくったような意味不明のものだった。これではまともな議論さえできない。

当時、医薬品を売っている店で、販売時に薬剤師が常駐しているのは多くて三分の二というのが実態だった。しかも薬事法が整ったのは一九六〇年である。もちろんその頃はテレビ電話などない。いずれにせよ、世の実情と時代変化に即した法の運用という発想は、厚労省にはないらしい。

もっとも、ドンキの医薬品の売上は、当時も今も全体の一％強に過ぎない。わずか一％のためにお役所から睨《にら》まれるのだから、これほど割りの合わない商売はない。

しかし私は、ここは一歩も引かず、断固として厚労省と闘おうと決めた。

夜中に高熱を出したお子さんの薬を求め、藁《わら》にもすがるように店に駆け込むお母さんの必死の思いをはねつけるわけには絶対にいかない。間違いなく理はわが方にあるはずだ。

それでも厚労省は、「認められない」の一点張りだった。

柔軟な都知事、石アタマの厚労大臣

私は一計を案じた。それならば医薬品を「販売」するのではなく、深夜困ったお客さまに必要な分だけ薬を「無料提供」すればいい。薬事法の規定には「販売」及び「授与」という文言が使われている。無料提供は「授与」には当たらないと考えたわけである。

しかしこれにも、厚労省は「違法の疑いあり」と横ヤリを入れてきた。またもや「違法」ではなく「違法の疑いあり」である。さすがの私も、これには怒り心頭に発した。

たとえば飛行機のフライト中に具合が悪くなった乗客に薬を差し出すスチュワーデスは、薬剤師免許を持っていない。ホテルのフロント係もJRの駅員も、旅行の添乗員も同様である。それが認められているにもかかわらず、病院はもちろん薬局が全部閉まっている深夜に、緊急の薬を必要とするお客さまへテレビ電話を通じた薬剤師のアドバイスのもとに医薬品を差し上げる行為の、一体どこに違法性があるというのか。

厚労省のあまりに理不尽かつ支離滅裂な対応に呆れた現場従業員たちの間では、「それならドンキで売っているコスプレ用のスチュワーデスの制服を着て無料提供してみようか」などという冗談が飛びかったほどである。この問題もメディアに大きくとりあげられたが、住民反対運動とは逆に、ドンキに対しては比較的好意的な報道が目立った。

さらに石原慎太郎・東京都知事（当時）が大きな味方になってくれた。〇三年九月の定例記者会見でこの問題を取り上げ、「大賛成。大いに奨励する」と発言してくれたのである。それもあって世論の多くが「ドンキ支持」に傾いていった。

そんな中、当時のS厚生労働大臣は、「ドン・キホーテの宣伝の片棒をかつぐような話は、もうやめですね」という耳を疑うようなコメントを発した。

さんざんドンキをいじめ抜いておきながら、今度は売名行為呼ばわりである。まさに正体見たり。わが国の大臣はこの程度の認識で国政に当たっているのかと、私は憤りを通り越して暗澹たる思いにとらわれた。

「やる時はやる」「絶対に勝つ」

もっともその後、厚労省はあまりに世論がドンキ寄りになったのに恐れをなしたのか、二〇〇三年十月に医薬品のテレビ電話販売に関する「有識者会議」の設置を決定する。そして同年十二月、有識者会議は「深夜、早朝に限り医薬品のテレビ電話販売を認める」ことで合意した。

同会議の報告を受けた厚労省は、〇四年四月、「薬事法施行規則」及び「薬局及び一般販売業の薬剤師の員数を定める省令」の改正を行い、様々な制約がつきながらも、テレビ電話による医薬品の販売が晴れて法的根拠を得ることになったのである。

ドンキはこれを受け、同年五月から医薬品のテレビ電話販売を再開した。

八カ月あまりの厚労省との闘いは、ドンキの勝利に終わった。その後、この問題が一石を投じるかたちで薬事法そのものが改正され、一部医薬品について、薬剤師不在でも販売できるようになった。

首尾よく勝利したものの、役所相手の闘いは本当に疲弊する。大変な根性とエネルギーが必要だ。今となって本心を言えば、もう二度とやりたくない。下手なパンチを繰り出そうものなら、予期せぬカウンターパンチが四方八方から飛んでくる。変革や例外を嫌う執念深さと狡猾な手練手管は、それこそ生半《なまなか》なものではない。それを覚悟の上でやらないと中央省庁には絶対に勝てない。

一方、わが国の官僚は自らの面子と省益維持のためなら、古色蒼然とした法規を振り回してでも民の新しい芽を摘み、活力を奪うのだということを改めて思い知らされた。結局、こうした官優先の構造は、現在もほとんど変っていない。このままでは日本の国力は疲弊してゆくばかりだ。

だからこそ、管轄官庁に断乎抵抗を試みるのも、今日の民間企業における責務の一つだと思う。こちらに理があるのであれば、絶対にひるんではいけない。そうしなければ、民のための良識ある行政は、この国では決して行われないだろう。

やや大所高所からの物言いで恐縮だが、これは本件を通じて醸成された、私の信念だ。「やる時はやる」そして「絶対に勝つ」である。

二十六年ぶりの「排除勧告拒否」

医薬品販売問題が一段落した二〇〇四年は、多事多難な出来事のオンパレードになった。それぞれの解説は割愛するが、ドン・キホーテ店舗に対する青酸カリ混入脅迫事件（一月／犯人逮捕）、害虫駆除会社「キャッツ」の株価操縦に当社が絡んだという誤認報道（二月）、「不採用高校」リスト報道をめぐる週刊誌「フライデー」との紛争（六月）などである。

さらに休む間もなく次の〝事件〟が起こった。今度の相手は公正取引委員会（以下、公取委）である。

二〇〇四年十一月五日、公取委が「立入検査」と称し、総勢七十名の大世帯で、何の予告もなく当社に乗り込んできた。ドンキが取引先の納入業者に対し、協賛金や従業員の派遣を要求し、それが「優越的地位の濫用」にあたる疑いがあるという。結局、翌〇五年三月九日、当社は独占禁止法違反（不公正な取引方法）で排除勧告を受けた。

しかし、当社は同勧告の「不応諾」を公正取引委員会に通知した。泣く子も黙る公取委の排除勧告を拒否するのは、一九七九年の三越以来、じつに二十六年ぶりのことだという。

なぜ当社は、あえて異例の勧告不受理に踏み切ったのか。

公取委が問題にしている「協賛金」とは、新店オープン時などの販売促進経費を納入業者に一部負担してもらうことだ。また「従業員の派遣」とは、店舗の棚卸しや棚替えなどの作業時に納入業者の労力提供を求めることだ。これらはいずれも当時の業界ではごく一般化していた慣習である。ただし、当社が取引における強大な力を背景に納入業者を圧迫し、納入業者が当社との取引打ち切り等を恐れて、要請に従わざるを得ないようなケースであれば、独占禁止法違反の「優越的地位の濫用」と見なされる。

しかし当社では、あらかじめすべての継続的な取引先とは、そうした要請や協力が取引の前提になる旨を明記した「継続的取引契約書」を交わしている。実際の取引が始まるのは、同契約締結以降である。

つまり双方合意の契約であって、そもそも事後的に「取引打ち切り」を匂わせるなどの圧迫行為や「優越的地位の濫用」などは発生しようがない、というのが当社の見解だった。

だが公取委は、「たとえば継続的取引契約書にある〝労務の提供〟には、棚卸し、棚替え等の作業が入っているとは読み取れず、それが具体的でない以上、真の合意形成があるとは思えない」などとして、あくまで「優越的地位の濫用」に抵触すると主張しつづけた。

こうして当社と公取委の主張は平行線をたどった。

実際のところ、大多数の取引先企業が「継続的取引契約」によって当社との取引に満足し、良好な関係を維持している。その一方で、つねに当社は、取引先の選別と見直し、新陳代謝も図っている。取引先を固定せず、より魅力ある商品を提供してくれるパートナー(当社ではこう呼ぶ)を探すのは、自由競争経済下での切磋琢磨による取引なのだから当然のことだ。

その過程で、当社に不満を持つごく少数のパートナー企業が出てくるのは致し方ない。またそうした不満分子が公取委に泣きを入れ、当社に対する立入調査、排除勧告に至ったとしても不思議ではない。この場合、当社がどちらの立場をより重視するかは言うまでもない。ドンキは顧客の利益が最優先の企業だからだ。

仮にそうした経済合理性原理に基づくごく当り前の取引姿勢が、「優越的地位の濫用」にすり替えられるのだとすれば、自由経済そのものが否定されるおそれも出てくる。

当社と公取委は、その後約二年間、審判廷で争った。だが最終的に、当社は排除勧告を受け入れ、二〇〇七年六月に同意審決するに至った。これ以上法廷闘争を続けても、お客さま不在の不毛な闘いになりかねないと判断したからである。

連続放火事件発生

二〇〇四年十二月、ドン・キホーテは絶対に忘れることができない事件に巻き込まれた。連続放火事件である。多くの読者の皆さんの記憶にも新しいのではないか。その結果、当社の株価は連日大暴落し、住民反対運動の頃を上回る企業存亡の危機に立たされた。

十二月十三日に浦和花月店（埼玉県さいたま市）と大宮大和田店（同）が、十五日には再び大宮大和田店が悪質極まりない放火犯に襲われた。同市内の複数の他総合スーパーへの放火（計四件）も含めて、合計七件（未遂含む）が単独同一犯（逮捕済み／無期懲役刑が確定）の仕業である。

二度の放火にあった大宮大和田店は、いずれも従業員の早期発見による初期消火で事なきを得たが、浦和花月店は全焼し、当社の従業員が三名も犠牲となる大惨事となった。亡くなった従業員はいずれもお客さまの避難誘導後、さらなる安全確認のため店に再突入して落命した。大島守雄さん（享年三十九歳）、小石舞さん（同二十歳）、関口舞子さん（同十九歳）である。

経営者にとって、若く有望な社員を失うことほど辛く悲しいことはない。とりわけ、現場から叩き上げてきた私にとって、若い従業員たちは皆、自分の息子、娘も同然である。

ご遺族には僭越な表現をお許し願いたいが、その子供たち三人を理不尽に奪われた悔しさと憤りは、それこそ筆舌に尽くし難い。一体、なぜ、前途洋々たる若者たちの命が、無残に奪われなければならなかったのか。未だその無念さが晴れる日はない。

猛火と黒煙で混乱の極限にある火災現場の中、誰一人先に逃げることなく冷静沈着に行動し、お客さま全員を安全確実に避難誘導した浦和花月店の従業員たちを、私は心から誇りに思っている。

その一方で、結果的に従業員自身の避難、安全確保・確認という面に、企業としての配慮が至らなかったのであれば、全責任は経営者である私にある。いかなる非難、叱責、批判も、頭を垂れて甘受しなければならない。

いずれにせよ、お客さまの安全第一という究極の「顧客優先主義」を貫徹して亡くなった三名は、明らかな「殉職」である。だから今回の事件を未来永劫風化させることなく、二度とこうした痛ましい事態を招来させぬことが、殉職者の御霊《みたま》に報いる最低限の責務だ。当社役員会議室には三名の遺品を展示し、今でも私は事あるごとに手を合わせている。

歪曲報道

連続放火事件についての新聞、雑誌、テレビ等各種メディアの報道もすさまじかった。それだけの大事件であるから報道自体は当然ではあるが、事実無根の誤報や悪意ある分析など、ドンキはボコボコに叩かれた。住民反対運動の余韻もまだ残っていたせいか、「悪徳企業に天罰下る」的な論調さえ見られた。

だが、冷静に考えてみてほしい。一連の火災は極悪非道な放火事件であり、憎むべきは犯人である。亡くなった従業員三名を含め、ドンキは最大の被害者であり犠牲者である。それにもかかわらず、事件の本質、つまり放火という犯罪の卑劣さと悪質さ、憎むべき犯人の特定と追及、さらにそうした犯罪を生む土壌や背景に関する報道はほとんどなされず、逆に「ドンキ=悪」であるかのような報道ばかりだったのである。

しかも、あたかも圧縮陳列や迷路型レイアウトが招いた業務上過失失火とでも言いたげな報道が目立った。「密林陳列　煙の〝迷路〟」（読売新聞・十二月十四日付夕刊）「圧縮陳列、火災拡大の声」（産経新聞・同十五日付朝刊）などといった記事である。

たとえば朝日新聞（十二月十四日付夕刊）は、「ドン・キホーテは、迷路のような狭い通路に数多くの商品をうずたかく積んでいるのが特徴だが、こうした陳列方法には、火災の際に一気に火の手を広げる危険性があるとの指摘もある」と書いている。

それだけでは終わらない。年末の十二月二十六日、環八世田谷店（東京都世田谷区）が、またしても放火犯に襲われた。幸い、お客さまと従業員は全員安全に避難し無事だったが、二階部分は全焼した。浦和花月店、大宮大和田店放火の模倣犯によるものと見られる（注・事件は未解決）。結局、未遂を含めた当社店舗への放火事件は十件以上にもおよんだ。また、他の大手小売チェーン等にも放火事件が頻発した。

それにしても、なぜドン・キホーテばかりが執拗に狙われたのか。これも私の被害妄想だと言われるかもしれないが、メディア各社の一部事実誤認を含む過剰報道もその一因ではなかったかと考えている。少なくとも当社をやり玉にあげる報道がこれほどなされれば、「ドンキは火をつけやすく、メディアもすぐ飛びついて大きく報道される」という、愚かしい悪のイメージ連鎖を育む温床になった可能性は十分あったといえる。

私はもともとマスコミ嫌いだったが、この件ですっかりマスコミ大嫌い人間になり、その後、長らくメディア各社の取材は問答無用で断ってきた。

圧縮陳列のせいではない

多くのマスコミは、圧縮陳列や迷路型レイアウトが火災避難の障害になったとして、ドンキを叩きまくった。だが、もしそれが本当だとすれば、浦和花月店のような猛火では、お客さまの中にも少なからぬ犠牲者が出たはずである。

だが実際は、お客さまは従業員誘導のもと、火災のごく初期時点で従業員用出入り口から、余裕をもって全員無事に脱出している。逆に店内を熟知している従業員が、前述したように避難誘導完了後に再突入し事故に遭ったのだ。

この一点をもってしても、メディア各社のドンキ叩きは論理的に完全に破綻している。圧縮陳列や通路が避難障害になるものではなかったということが明白だ。

ちなみに浦和花月店の火災発生は十二月十三日二十時十七分。従業員の発見時刻が二十時十八分。消防署通報が二十時十九分だ。初期消火活動には四名の男性従業員が向かった。

全員消火器を携え、マニュアル通り四方から取り囲んで鎮火に当たったが、あまりに火の勢いが強く、黒煙が充満し始めたため、消火活動を断念しお客さまの避難誘導に専念したという経緯がある。

放火は、火の気のない寝具売場でなされた。第一発見者の従業員によれば、商品である絨毯《じゅうたん》から身の丈ほどの炎が一瞬にして舞い上がったという。ということは、発火性と引火力のきわめて強いものが使用されたと見られる（その後の調べで灯油と断定）。絨毯のような材質のものが、瞬時に燃え上がるはずがないからだ。

もちろん当社の店舗では、常に火災を想定し、その対応策を講じている。同店でも事件一カ月前の十一月十六日に消防訓練を実施したばかりだ。

しかしこのように悪質で凶暴な放火を想定した売場作りは不可能である。これは当社のみならず、他のいかなる小売業とて同様だろう。少なくとも圧縮陳列がいいとか悪いとかいった次元の話ではないのである。

初めて流した涙

普段の私なら、そうした不当な指摘やバッシングに対して、真っ向からそれに対峙し、闘う姿勢を貫いただろう。理がわが方にあるのなら、何も恐れることはない。叩かれれば叩かれるほどアドレナリンが湧き出てきて、相手が誰であろうと、ひるまず戦闘態勢に入ることができた。

しかし従業員三名もの命が突然奪われたあの時は状況が全く違った。メディアや世間からのいわれなき誹謗中傷に対しても、私は茫然自失として戦意が湧かず、当初はただ、うろたえるしかなかった。

事件の翌十四日にテレビ中継された記者会見で、私は幼少の頃以来、誰にも見せたことがなかった無様《ぶざま》な泣きっ面を、あろうことか全国民の前に晒《さら》してしまった。

亡くなった従業員たちに心から申し訳ないと思う気持ちがあふれ、こみ上げる涙を抑え切れなかった。人前で泣くというのは、私の性格と美学からして、耐えがたいものだった。

その一方で、私が泣く姿を晒すことによって、ここはメディアと世間にとことん溜飲を下げてもらわなければダメだという思いもあった。今から思えばあの時は、目の前に迫ったわが子ドン・キホーテの危機を救うためなら何でもやってやるという、なりふり構わぬ生みの母親のような気持ちが先行したのだと思う。

遺族に背中を押される

しかし、ドン・キホーテを支持して下さる多くのお客さま、そして残された従業員のためにも、いつまでも私が萎《しお》れているわけにはいかない。ではどうすればいいのか、何をなすべきなのかと思い悩んでいた時、こんなことがあった。

殉職した大島守雄さんのたった一人の肉親である妹さんのもとへお悔やみに伺った折り、私は彼女からこう言われたのである。

「社長さん、うなだれてないで頑張って下さい。悪いのは放火犯でしょう。ドン・キホーテがこれでダメになってしまったら、それこそ兄は犬死じゃないですか」

予想だにしなかった彼女の言葉に、私は胸を衝かれた。私はご遺族から背中を押していただいたのである。

そして、あらためて闘うことを彼の遺影の前で誓った。メディアや世間の誤解、偏見等に対してではなく、ドン・キホーテが真に社会に支持され貢献しているという結果を出すため、日々の業務と現場活動を通して、地道に闘っていこうと誓ったのである。

何にも代えがたい命の重さ、ご遺族の気持ちと無念さに思いを致せば、当社が何を言われどう批判されようと、すべて厳粛に受け止め、いっさいの抗弁をしないようにしよう。

そして再発防止に向け真摯な努力をすることこそが、ドンキの新たな戦いの第一歩だろう……私はそう考え、どんな店よりも安全・安心で面白く楽しい、ワクワク・ドキドキする業態を世界に先駆けて確立しようと誓ったのだ。

世界一安全・安心で楽しい業態へ

もっとも、当社にも落ち度があったことは素直に認めなければならない。以前の店舗は、消防当局の立ち入り調査で幾度も注意、指導を受けていた。それと放火事件が直接結びつくものではないにせよ、従来の危機管理体制にやや甘さがあったという指摘は免れない。

そうした認識と反省のもと、浦和花月店が全焼した翌日に当社は防災対策本部を設置し、徹底した防災型の店舗・売場・組織作りに取組んだ。消防当局の指導を完全遵守しながら、さらにそれの上を行く独自の危機管理システムにより、あらゆる事態を想定してお客さまはもちろん、従業員も完璧に守る仕組みを模索、検証しながら今に至っている。危機管理に百％の完成型はないだろうが、その八合目くらいまでは到達したと自己評価している。

ハード面でも、スプリンクラー設置義務のない延床面積三千㎡未満の店舗にもすべてスプリンクラーを設置した。また特注の高感度炎感知器や超強力消火器等の標準装備、さらに私服及び制服警備員配置の大幅増強など、事件後は水も漏らさぬ万全な防災体制を敷いた。不穏当な表現で恐縮だが、現在のドンキほど放火しづらい店はないだろう。仮に火が放たれても、直ちに消火できる仕組みもほぼ整った。

もちろん、こうした対策には巨額の費用がかかる。しかし防災と安全に対する出費は、すべてに優先する最重要経費として糸目をつけないことに決めた。それが非業な放火事件で学んだ教訓である。

一方、「店内商品配置の見直し」も行った。これは万一火災が発生した場合、その火災規模を最小限に食い止め、より避難誘導をしやすくする売場と商品の配置換えを指す。もちろん、圧縮陳列の否定ではない。有機質な圧縮陳列の魅力と楽しさを維持しつつ、防火・防災をより強化しようというものだ。

ドンキの圧縮陳列と熱帯雨林のような売場作りは、「世界流通史の中でも特筆すべき大発明」との評価もいただいている。実際、ドンキには海外から流通視察団の訪問が絶えない。圧縮陳列に代表される独自の店作りとマーチャンダイジングで、物販による時間消費という新たな市場を創造した唯一無二の業態だからである。

そうした武器をスポイルすることなく、いかに強固な防火・防災体制を築けるか、すなわち「世界一安全・安心で楽しい業態」の確立を、あの事件以来、十年にわたって積み上げてきた。現在のドンキの新型店は、いずれもその集大成だと私は自負している。

事件後も売上は下がらなかった

幸いなことに、放火事件後もドンキの売上が派手に落ち込むようなことはなかった。放火が相次いで全店臨時休業も余儀なくされた二〇〇四年十二月度こそ、既存店昨対売上高が四・二％減になったものの、翌〇五年一月以降は、〇四年平均をむしろ上回る既存店プラス基調が続いた。放火事件の後遺症とメディアによるネガティブキャンペーンの影響は、少なくとも店頭営業面では全く見られなかった。これは住民反対運動の時も同じだ。

その要因として、①中心客層である若者は一般マスコミによるステロタイプな報道の影響を受けにくい、②逆風下で全従業員一丸となった結束と現場の頑張り、が挙げられよう。

何よりも嬉しくかつ心強かったのは、たとえばレジの女性従業員が、ドンキファンのお客さまに「頑張ってね」と声をかけられ、思わず涙ぐむといったような光景が、あちこちの店で見られたことだ。お客さまの温かいご支援、そして現場社員とスタッフたちのひたむきな頑張りと努力、誠実な仕事ぶりによって、ドンキは度重なる危機を見事に乗り越えることができた。これは経営者の手腕などではない。明らかに現場社員とスタッフの手柄である。だからお客さまはもちろんのこと、当社従業員には心の底から感謝している。

一方、こうした苦難の連続から、ドンキは企業として多くのことを学んだ。中でも最大の教訓が、「よりよい社会に向け、貢献できる企業にならなければダメ」ということだ。すなわち、当社の経営理念第一条で謳う「無私で真正直な商売」こそ、社会とすぐれた共生をしていく上での最大のキーワードだ。

それまでのドンキは「顧客最優先主義」のもと、ひたすら「いい店づくり」に邁進《まいしん》してきた。しかしそれだけでは不十分で、さらに「いい会社づくり」が加わらなければならない。つまり、繁盛店づくりとグッドカンパニーづくりが、名実とも車の両輪のようにして成立、機能する企業に生まれ変わる必要がある。

私は次なる改革に向け、また苦しい思考を巡らせるようになった。

第4章　ビジョナリーカンパニーへの挑戦

人事刷新

まだ放火事件の衝撃さめやらぬ二〇〇五年一月十一日、当社は都内のホテルに全幹部社員と取引先約七百社を招き、大規模な「新年決起会」を執り行った。

浦和花月店で犠牲になった三名の殉職者に対する黙禱で始まったこの会の壇上で私は、「二度とこうした惨事を招かぬよう、世界一安全・安心で楽しい業態を再構築する。それが無念にも殉職された方々に対する最低限の責務」とした上で、「二〇〇五年を新たな変革と出発の年にする」と宣言した。

変革の第一は、前述した防火・防災体制の強化と徹底である。

第二が経営体制の刷新だ。それまでドンキは社長の私を筆頭に七名の役員が横並びだったが、初めて副社長と専務を置くことにした。この決起会で初めてその人事を公表した。

じつは私は放火事件の前の〇四年秋頃から、自身は会長に退き、社長職を後継者に託す決断をしていた。それが放火事件により、当分の間、社長職に留まらざるを得なくなった。だが、当社が従来とは異なる新経営体制に移行したことに変わりはない。

取締役副社長に就任したのは、第2章でも触れた第一営業本部取締役本部長だった成沢潤治。四十二歳（当時）と若いが、役員の中では最も社歴が古く、一号店である府中店時代から叩き上げた営業部門のエースである（その後ドン・キホーテ代表取締役社長兼COOを経て二〇一三年退任）。

また成沢とほぼ同期で、終始営業部門のライバル関係にあった大原孝治・第二営業本部取締役本部長（当時四十一歳）は、新会社「ドンキコム」（後の「リアリット」）の社長に就任した（現・ドンキホーテホールディングス代表取締役社長兼CEO）。

一方、一九九七年に大手紳士服チェーンの取締役からドン・キホーテに転じた高橋光夫・取締役経営戦略本部長（同四十九歳）が取締役専務（現・ドンキホーテホールディングス専務取締役兼CFO）に昇任した。

二つの営業本部を一本化

経営体制刷新の目的は、営業と組織の大改革にあった。第2章でも触れたように、ドンキには第一と第二という完全に独立した二つの営業本部があった。それが強力な双発エンジンとなり、急成長を支えてきたのだ。

両部の勢力と人員、その管轄する店舗は常に拮抗《きっこう》するように組まれ、それぞれ独自に間接部門まで抱えていた。すなわち各営業本部内で仕入れ、販売はもちろん、販促、総務・

人事に至るまで一連の業務がすべて完結していたのである。いわば企業内に「二つの会社」があったようなものだ。

その狙いは、意識的に両営業本部を競い合わせてお互い切磋琢磨することにある。なぜこうしたやり方をしたかといえば、ドン・キホーテという業態にライバルが不在だったからである。たとえばスーパーやコンビニなら、同業で張り合える競争相手がいくらでもいる。でも、ドンキにはそれがない。

ライバル不在は、強さでもあるが弱さにもなる。オンリーワン業態として駆け上がるのは早いが、それだけに成熟化も早く、成長の限界にぶち当たる可能性が高まるからだ。

私はそれを懸念し、あえて社内にライバルを作った。しかも徹底的に張り合えるよう、意図的に自己完結的な組織にした。ちなみに両部は人事交流も一切なかったから、完全に別会社のようなものだ。

さらに両部は具体的な仕事の進め方はもとより、人事評価の仕組みまで違った。私はそれぞれのやり方にいっさい口を挟まず、結果だけを問う立場に徹した。これも究極の権限委譲と言えるかもしれない。

しかし各営業本部の売上高が一千億円を超すに至り、二営業本部制もそろそろ役割を終える段階と判断した。あまりの急成長による組織上の歪みや、営業本部巨大化による「スケール・デメリット」が顕在化してきたからである。それらを払拭するため、敢えて営業本部を統合して一本化し、その舵取りを副社長の成沢に任せることにした。

一方、「新たな変革と出発」の第三は、子会社「ドンキコム」の立上げだ。モバイル、ウェブ、ファイナンス、マーケティングの四部門からなる新たなＩＴ企業で、大原孝治が代表取締役社長に就任した。

会長就任と高度成長の曲がり角

ちなみに、この期（二〇〇五年六月期）の売上高は二千三百二十七億円（前年対比一二〇・七％）と二千億円の大台を突破し、店舗数もはじめて三桁に乗せて百七店舗となった。

私は同年九月に社長を退き、会長職におさまった。

翌二〇〇六年六月期は、前年対比売上高が一一二・〇％と、十三期ぶりとなる一〇％台の伸び率に留まった。これでも他社から見れば大きな数字だが、私はこの頃から、ドン・キホーテという業態モデルのみによる成長の限界を強く意識し始めていた。いわば、ドンキの高度成長時代は曲がり角に来ていると思ったのである。

前述した新業態の小型DS「ピカソ」も、ショッピングセンター「パウ」も、それなりに順調で計画通りの多店舗展開が進んでいた。しかし、しょせんピカソはドンキの小型版、パウは大型版（核店）に過ぎないとも言え、いずれもドンキという業態モデルとそのインフラなしには成立しない。

ドンキに頼ることなく独自の業態として成立し、新たな市場を切り開くようなビジネスモデルの確立こそ、会長職に就いた私に課せられる最大の経営テーマではないか……そう考えるようになったのである。

そこで二〇〇六年以降は次なる成長モデル模索に向けた業態開発とM&A（企業の合併・買収）に、積極果敢に打って出て行くことになる。

"中食"が欲しい！

当社グループが、持ち帰り弁当・総菜の「オリジン東秀」（以下オリジン）の発行済み株式数の二三・六二%を、同社創業者の遺族から取得したのは、〇五年の八月に遡《さかのぼ》る。

それには狙いがあった。私はピカソを次世代型CVS（コンビニエンスストア）業態にブラッシュアップしたかった。すなわち、ピカソとコンビニの良さを融合した中型CVS

「ニューピカソ」だ。差別化のポイントはアイテム数と価格。約三十坪の売場で三千アイテムを定価販売する通常のコンビニに対し、その倍の広さで八千～一万アイテムを揃え、平均二〇％のディスカウント販売をしようというものだ。

ところが当社には、コンビニの中核商品である弁当や総菜など〝中食〟のノウハウがない。

そこでオリジンに目をつけた。当時のオリジンは首都圏に六百店以上展開しており、都市部の若い層を中心に、根強い人気と支持を得ていた。しかも二十四時間営業で、ピカソとの業態親和性も高い。オリジンとコラボレーションして新たな業態を開発すれば、大きな市場創出が可能で、お互いにメリットがあるだろうと考えたのである。

オリジンの筆頭株主となった当社は、そうした次世代ＣＶＳ業態開発における共同プロジェクトを持ちかけた。ちょうどその頃、コンビニ業界は同質化と過剰競合により、完全な頭打ち状態だった。しかし私が思い描く次世代型なら十分成長力がある。

ところが、オリジンがなかなか重い腰を上げてくれない。両社の実務担当者によるプロジェクト会議を二十回くらい重ねたが、オリジンの消極性が目立ち、会議は何度も暗礁に乗り上げた。結局、実現したのは、ピカソ内にオリジンがテナント出店するという、中途半端で妥協の産物的な二店のみ。当初予定していた、新たな店名による次世代ＣＶＳ業態のコラボ開発は遅々として進まず、ましてその多店舗化など望むべくもない状況だった。

オリジンの立場からすれば、そんな共同プロジェクトは有難迷惑な話だったのだろう。そもそも次世代CVSの開発など考えてもいなかったし、それ以前に当社と組むこと自体に大きな抵抗があったようだ。

しかし私は、どうしてもオリジンの力を借りて次世代CVSをやりたかった。しかし、しょせん二三%程度の持株比率では、立場の違いを乗り越えることはできない。こうして私は、オリジンのTOB（株式の公開買い付け）を決意したのである。

TOB失敗

二〇〇六年一月十五日、当社はオリジン東秀のTOBに踏み切ることを公表した。期間は一月十六日から二月九日までで、買い付け価格は一株二千八百円である。ちなみにこの時点で、当社のオリジン持株比率は、その後の市場での買い増し分を含めて三一%に達していた。それに対し、オリジン側は同TOBへの反対意向を表明。結果的に敵対的TOBの様相を帯びるに至った。

にらみ合いが続く最中、当社にとっては思いもよらぬ事態が出来《しゅったい》する。小売業界の巨人、イオンが、いわゆるホワイトナイト（白馬の騎士）となって登場したのである。

〇六年一月三十日、オリジンからの要請を受けたイオンは、友好的ＴＯＢを実施すると発表した。一株当たりの買い付け価格は、当社のそれを三百円上回る三千百円だ。

当社がＴＯＢを成功させるには、当然、イオンが示した買い付け価格を上回る額を新たに提示しなければならない。そうすれば、イオンはさらにそれ以上の価格で臨んでくるだろう。当社としては、イオン相手にマネーゲームをする気はもとよりない。

結局、ＴＯＢは断念することにした。

しかしその後、市場でオリジン株を買うのは自由である。当社はＴＯＢ終了日翌日の二月十日から十五日までの間に、オリジンの株式約一五％を市場内で取得し、それを公表した。当社の持株比率は先行取得分と合わせて約四六％となり、さらに買い増せば五一％に迫るから、急転直下、逆にイオンのＴＯＢが不成立となる可能性が高まった。

ちなみに、「ＴＯＢに対してはＴＯＢで応じる」というのがそれまでの常識だったらしいが、私は弁護士に合法性を確認した上で、市場内でオリジン株を買い増せと指示した。後日オリジンからは、あたかもそれが証券取引法違反であるかのような、何の根拠もない抗議文が届いたが、こちらに法的瑕疵《かし》は全くない。ＴＯＢ終了後に、それとは別の市場内取引で株を取得したという前例が、過去になかっただけである。

その後、イオンの岡田元也社長からトップ会談の申し入れがあり、二回にわたって私は岡田氏とさしで率直な意見交換を行った。

結果的にこの会談により、私は岡田氏の要請に応じて矛《ほこ》を収めることにした。当社グループが保有するオリジンの全株式をイオンに譲渡することにしたのである。当社側は計六十数億円の売却益を得たが、もちろんそんな〝浮利〟が欲しかったわけではない。

買収できなくてよかった

結局、次世代型ＣＶＳ業態は自社で独自開発することにした。二〇〇六年八月に一号店を開いた「パワーコンビニ情熱空間」だ。厨房付きの中型コンビニで、お客さまの「目の前で作って売る」という新機軸を打ち出した。〝中食〟部門は、大手総合スーパー系の総菜会社幹部を引き抜いて開発した。

「情熱空間」はおしゃれな都市型コンビニとして人気店となり、日販でセブン‐イレブンを超えるほどの売上を記録した。「これは行ける」ということで、翌〇七年にかけ都内と千葉県で計六店舗を立て続けに出店した。こうして私の描いた次世代型ＣＶＳという仮説は、見事に成功したかに見えた。

ところが、実態は大赤字だった。「目の前で作って売る」という顧客志向のコンセプトは良いのだが、オペレーションを回すのには、想定をはるかに上回るコストがかかった。

しかも不思議なことに、目の前で握るおにぎりは売れないことも分かった。どうやら今どきの若い人は、目の前で他人が握るおにぎりを「汚い」と思うらしい。通常のコンビニで売っている、完全ビニール包装のおにぎりの方がよく売れるのである。

こうした状況を見るにつけ、私は当初の見立てがズレていたことを悟り、一年を経ずして「情熱空間」は全店閉鎖にした。

もし「情熱空間」に、オリジン東秀のノウハウと商品を投入したらどうなっていたか。歴史と同じで経営にも「イフ」は禁物だが、私はおそらく結果は同じではなかったかと思う。いずれにせよ、私の仮説は間違いだったと、潔く認めなければならない。

また、仮にオリジン買収に巨額資金を投下していたら、後に成功したドイトや長崎屋のM&Aも、失敗していたかも分からない。したがってあくまでも結果論だが、オリジンは「買収できなくてよかった」というのが率直なところだ。

ことほどさように、商売と経営は難しい。もっとも新たな業態開発は、十の挑戦、いや百の挑戦で一つか二つ当たればいい方である。大切なのは、傷を大きくしないうちの見極めと見限りだ。早期撤退を断行するからこそ、次の挑戦が可能になる。当社の過去には、そんな業態開発の失敗例が、数えきれないほど転がっている。

ちなみにドンキの企業理念集「源流」の経営理念第五条は、「果敢な挑戦の手を緩めず、かつ現実を直視した速やかな撤退を恐れない」である。

ドイト、長崎屋を相次ぎ買収

オリジンで失敗した後も、積極的なM&A戦略はあきらめなかった。

その手始めとして、二〇〇六年二月、経営再建中だったダイエーのハワイ子会社を買収し、四店舗の営業を引き継いだ（現在は三店舗）。当社初の海外進出である。

引き継ぎ店舗にはドンキ流の圧縮陳列を導入し、食品スーパーとディスカウントストアを組み合わせた新業態に作り変え、社名も新たに「Don Quijote（USA）」とした。その後、同業態は約三年間の試行錯誤の末に軌道に乗り、現在では一番店の「カヘカ店」の年商が百億円を超すなど、ハワイ事業はドル箱ビジネスに成長している。

さらに翌〇七年一月にホームセンターの老舗ドイト、そして十月には長崎屋を買収した。

ドイトに関しては、ダイエーハワイと同様、業態よりもその店舗網が魅力で買収したというのが正直なところだ。

しかし長崎屋に関しては、店舗網というよりは、それまで当社が弱かった食品部門（とりわけ生鮮部門）を含む業態そのものが欲しくて買収に踏み切った。実際、長崎屋のノウハウと人材は後に大いに活かされた。

もっとも長崎屋の買収に関しては、社内では私以外のほとんどの役員が反対した。今さらGMS（大手総合スーパー）という斜陽業態を買う必要はないだろう、しかも長崎屋は大赤字ではないか、と。市場も長崎屋の買収に反応し、ドンキの株価は急落した。

しかし私には確信があった。GMSという業態を再生させれば、とてつもないチャンスが巡って来るはずだと。実際にそうなるまでには、大変な艱難辛苦《かんなんしんく》を背負い込むことになったわけだが……。

一連の企業買収によるかさ上げ効果もあり、二〇〇八年六月期連結売上高は大台越えとなる四千四十九億円（前年対比一三四・七%）を達成、グループ店舗数は二百二十三店舗（前年対比六十二店舗増）となった。

〇八年六月には、後にドン・キホーテに次ぐ主力業態となる「MEGAドン・キホーテ」の本格的一号店が開業した。旧長崎屋四街道店を新たにドンキ流総合ハードＤＳに業態転換したもので、その後の長崎屋リニューアルのモデル店となった。

以降、全国の長崎屋は次々とＭＥＧＡドンキに転換され、買収当時五十五店舗あった長崎屋という店名のままのＧＭＳ業態は、現在ではわずか二店を残すまでとなった。

楽しくない会社では絶対売れない

二〇一〇年という節目の年に、当社も大きな曲がり角を迎えることになった。同年六月期連結売上高は、四千八百七十五億円（一・四％増）と、ドン・キホーテ創業以来最低となる増収率に甘んじたのだ。以降、当社の売上伸び率は一四年六月期まで、五年連続して一ケタ台に留まることになる。いわば低成長時代の幕開けだ。

もちろん、万年急成長をし続ける企業などあり得ない。また売上の分母が増えれば、それに反比例して伸び率が低下するのは、ごく自然の成り行きとも言えよう。

私は、ここは次の成長ステージに駆け上がるための踊り場であり、こんな時こそ、じっくりと内部固めをすべき場面と判断した。気がつけば当社の総雇用者数は二万人を超え、意思疎通の遅延や、店舗の末端まで目が行き届かなかったことによって生じた不正など、いわゆる〝大企業病〟も、チラホラ見えるようになっていた。

高度成長時代のドンキは一貫して「顧客最優先主義」という企業原理のもと、ひたすら「いい店づくり」を追求してきた。だが一方で「いい会社づくり」という点に関しては、まだまだ十分でないのではないか。ひょっとしたらその辺に、ドンキの真の姿がストレートに世間に伝わらず、時に誤解や嫉妬を招く元凶になっているのかもしれない……。

そう考えた私は、大企業病の根絶、そしてコーポレート・ガバナンスとコンプライアンス体制の組織的な強化等を含む「いい会社づくり」に、本格的に取り組むことにした。

不思議なことに、会社の雰囲気は、そのまま社の商品やサービスに出てしまうものだ。社員が楽しく仕事をしていない会社の商品は、絶対に売れない。これは断言する。

ドンキの場合、社員とメイト（ドンキのパート、アルバイトのこと）みなが常に楽しく働けなければ、お客さまにとっても楽しい店にはならない。そう確信し、「いい会社づくり」を自らの業務の総仕上げにしようと決めたのである。

「教育」するな、「信じて頼め」

内部固めの一環として、二〇一〇年から初めて本格的な研修事業を始めた。約三百名の幹部社員を対象に、十数名ずつ小分けにして沖縄・宮古島に呼び寄せ、私自身が講師となって、皆と徹底した討論を行う泊りがけの研修である。討論は無礼講で、将来を担う若きリーダーたちに、ドンキのDNAを伝授するのが狙いだ。これを私は引退表明する直前の二〇一四年末まで続けた。延べ四十回近くに及んだだろう。

ついでなので、ここでドンキ独自の人材開発論を紹介しておこう。

そもそも私は、人材育成とか教育といった〝上から目線〟の言葉が大嫌いだ。だいたい、「上司に育成されたい！」などと本気で思っている若者なんているわけがない。少なくともドンキには一人もいないだろう。いずれにせよ、「人は育てるものではなく、自ら育つもの」という考え方が、権限委譲の前提になっている。

従って「育てる」より、まずは人を「信じて頼む」こと。すなわち当社が最も重視するキーワードは、「育成」ではなく「信頼」である。そうして、自己育成の場を整備し、機会とチャンスを与え続ける……これが私の人材開発における基本姿勢だ。

さらに当社は「教育」ではなく「競育」という概念を重視している。いきおいその手段は、現場での徹底したOJT（オン・ザ・ジョブ・トレーニング）が主体となる。ただし急速な企業規模と業容、組織の拡大に伴い、さすがにそれだけでは不十分となった。そこで研修や、組織だった新人教育等を始めたわけだ。

小売業は、「人をその気にさせ、動かしてナンボ」の世界である。個人的にいくら優秀でも、部下からの人望がなければ、人材（上司）としては失格だ。とくに権限委譲を社是とするドンキにおいては、よけいにその要素が色濃い。

逆に個人として卓越したものがなくても、周囲からの人望が厚く、「この人のためなら、どんなことがあってもやり抜くぞ」と部下に思われるような社員は、まさに宝である。

最近の当社の新入社員や若手社員は、昔に比べ格段に優秀でリテラシーの高い人材が多い。しかしこと人望という点に関してはどうだろう。世間で一流とされる大学を出ている人材には、「部下をその気にさせる」資質を備えた若者が逆に少なくなってきているような気がするのは、私の思いすごしだろうか。

加えて近年は、仕事における社員一人ひとりの「練習量」がケタ違いに減少している。少なくとも昔は、膨大な仕事の量と時間が〝質〟を育てた。つまり誰よりも多くの練習量をこなす努力型の人材が現場でどんどん頭角を現し、率先垂範で下の人間を強力に引っ張ってきたのだが、最近はそれがない。

もっとも、現在の当社の組織規模と時代性からも、然るべき労務的規制と配慮が欠かせない。もっと言えば、昔のように個人の〝気合と根性〟に頼るわけにはいかない。

要は仕事の〝絶対量〟を稼げないのだから、仕事の中身を濃くし、無駄なく精度を上げて行くしかない。そのためにも、研修や教育が必要になってきたというわけだ。

雑草集団がミラクルを起こす

今は採用時のレベルそのものが相当アップしている。だから現場での練習量が少なくても、研修や教育、ＯＪＴの課外授業等である程度まではカバー可能だろう。

しかし人材変化率の大きさ、すなわち人材としての〝大化け〟度という点に関しては、昔ほどの期待はできなくなってきたように思う。

率直に言うが、倍々ゲームで急成長中の九〇年代から二〇〇〇年代初頭頃まで、当社は採用する人を厳選できるような状況ではなかった。上場したとはいえ、知名度とイメージはまだ低く、いくらでも人は欲しいが、なかなか人が集まらない。

その時代に入社した社員は、いわば〝ドラフト外〟の雑草集団である。彼ら一人ひとりには、誇るべき才能や特技、実績があるわけじゃない。逆に、だからこそ、「今に見ておれ」という負けん気が人一倍で、内圧が強い。しかも雑草の「雑」とは、多様性を意味する。そうした〝やんちゃな〟人材を、当社は好んで採用した。

そんな彼らが現場で大きな権限を与えられた時、ごく短期間で期待をはるかに超える能力とパワーを発揮する〝ミラクル集団〟へと大変身した。

それを束ねるリーダーも、どんどん育った。たとえば当社では、三十歳ちょいの若さで三百人以上の部下がいる、なんていうケースはザラである。逆に彼らからすれば、本来の自分の何倍もの能力とエネルギーを、ドンキによって引き出されたと思っているかもしれない。人材変化率の大きさとは、そういうことである。

一方、当社も現在は、ドラフト会議で選ばれるような社員を採用できるようになった。ただでさえ優秀な彼らが雑草集団と同じ変化率で育ってくれればとてつもない人材がいくらでも生まれそうなものだが、意外と期待したほどではない。もとの分母が大きい分、変化率が低まるのかもしれない。

雑草集団の強さ、あるいは人材変化率の大きさというドンキ独自のDNAと財産は、何があっても死守し、確実に後世に継承して行く必要がある。もちろん私が始めた研修には、そうした目的も込められていた。

プロ経営者より多様性ある叩き上げが強い

昔から私は、ごく少数のエリートたちが大衆を導き支配するといった思想に対して、強い嫌悪感を抱いている。独裁にもつながるこうした手法は、ときに企業経営にもみられる。〝プロ経営者〟をもてはやすような風潮にも、違和感を禁じえない。

だが、ドンキは違う。経営陣は、（私を含めて）そのほとんどが現場からの叩き上げだ。雑草集団から名もなき現場の英雄たちがたくさん輩出され、権限委譲を前提にどんどん上り詰めていく文化とシステムを備えた組織である。

そうした組織である以上、まずは多様性を認めなくてはならない。本来、人は皆それぞれ違う出自や経歴、考え方や価値観を持っている。戦後の日本は、そうした多様性を前提にして自由が尊重されたからこそ、豊かに発展した。逆に、独裁的な政権や権力者によって、多様性を封じ込められた社会ほど、大衆にとって不幸かつ不毛なものはない。

企業も同様である。個々の社員が互いの違いや個性を認め合い、さらに敬意を払い合うダイバーシティ型の組織でなければ、少なくとも権限委譲という概念は成立しない。

そもそもドンキは、商品がきわめて多様で顧客も多様、さらには社員もじつに多様で、それぞれの個性、適性を生かしながら、一番得意なことを伸ばすことによって組織力を高めてきた。それが最大の強みだったと私は思っている。

『ビジョナリーカンパニー』で〝子離れ〟を決意

研修をやり出した二〇一〇年秋頃、私はたまたま『ビジョナリーカンパニー』（ジェームズ・C・コリンズ）を読み、これまでにないような深い共感と共鳴を覚えた。

ご存知の方も多いと思うが、同書は長期にわたって繁栄し続ける企業（ビジョナリーカンパニー）の共通項は何かという疑問を、予断も偏見もなく、いわば自然科学的なアプローチによって明らかにした、類い稀なる良書である。

中でも、ビジョナリーカンパニー最大の共通項は、「ビジョンと理念に基づく経営をしており、カリスマ経営者を必要としていない」という点に尽きるだろう。

私はいずれ死ぬ。だが、私の死後も、ドン・キホーテは続いて欲しい。つまり、ビジョナリーカンパニーになってもらいたい。そのためには、創業経営者の私とドン・キホーテとの、いわば子離れ、親離れが不可欠になる……そう確信するに至ったのである。

あえて当時の心境を正直に告白すれば、企業経営の追求と、自らの恋々《れんれん》とした欲求の狭間で大いに迷い、私の心は千々《ちぢ》に乱れていた。

人生をかけて苦闘の末に築いたドン・キホーテという組織を、私の死後も未来永劫繁栄させるにはどうしたらいいのか？　その一方では、安田隆夫という個の欲求をどうすべきか？　……この二つの思いがつねに私の中に同居して拮抗《きっこう》し、ある時は前者、またある時は後者という具合に気持ちが揺れ、その振幅の大きさに密かに葛藤していたのである。

もっと正直にいうと、当時の私の〝個の欲求〟とは、もっとお金を儲けたい、もっと自分を認めてもらいたいという、いかにも俗なものであった。私は俗な欲求と羨望、嫉妬にまみれた人間だ。しかし、この俗っぽい欲求、すなわち金銭欲と名誉欲が原動力となってドン・キホーテが生まれ成長したこともまた、厳然たる事実だ。

ともあれ、そんな迷いの渦中、人に勧められるまま『ビジョナリーカンパニー』を読み、文字通り目から鱗《うろこ》が落ちるがごとく、実にすっきりとした気分になったのである。

そして私は考えた。まずは金。そもそも私は、全くの無一文から身を起こした人間だ。これ以上金があっても、その使い方さえ知らないのだから、もはや金を稼ぐ意味がない。ありていに言えば「もう金はいいや」と思った。

次に名誉。生身の人間である私は、いずれ年老いて生物的な終焉を迎える。ならば大事なのは私本人ではなく、私の子供であるドン・キホーテの未来永劫にわたる成功と繁栄だろう。そう考えたら、自分が認められたいというちっぽけな虚栄心も、きれいさっぱり心の中から消え去った。今こそ「子離れ」のときだ。

ドン・キホーテが後世、ビジョナリーカンパニーとして社会に認知されるのであれば、私はもう現世で何もいらない。少なくとも俗な個人的欲求など思い切りよく捨て去ろう。『ビジョナリーカンパニー』という書物は、そう教えてくれたのである。

「源流」へ

それにしても、私のような俗欲にまみれた人間がそう思うようになれたというのは不思議だ。おそらく私自身、俗欲と我執を断ち切り、ここで違う方向に舵を切らねばダメだという思いを、潜在的に抱いていたのだろう。そんな矢先に偶然『ビジョナリーカンパニー』に出会い、まさに「わが意を得たり」と感銘し、すとんと腹に落ちたのだと思う。

遅ればせながら私は、心から「私欲を捨てて大義に殉じる」という境地に至った。『ビジョナリーカンパニー』の読了後、そうした心地よい爽快感と高揚感に包まれたことを、昨日のことのようにはっきりと覚えている。

さて、私自身の年齢（当時六十二歳）を考えると、残された時間はそう多くない。ドンキを私自身から突き放して考え、あるべき企業のフレームづくりを急がねばならない。ビジョナリーカンパニーに共通する最大の特徴は、「明確な理念とポリシーがある」ことだ。このフレーズが、同書の中には繰り返し出てくる。

当時のドンキは、「御法度五箇条」に代表される実利的行動規範こそあったが、企業の進むべき明確な理念やポリシーといった概念は曖昧だった。

これでは、とてもビジョナリーカンパニーにはなれない……私は強い危機感を抱き、まずは当社らしい企業理念集を編纂《へんさん》しようと決意した。

それが「源流」である。

もっとも、企業を未来永劫にわたって規定する理念と思想、それに「ドンキらしさ」を色づけして行く作業は、気が遠くなるような時間と労力を要した。

結局、「源流」の初版が刊行されたのは二〇一一年四月。その改訂版が出て「源流」が完結するのは、さらに二年半後の二〇一三年九月である。私が『ビジョナリーカンパニー』に出会ってから、じつに三年以上の月日が流れていた。

徹底して現場を「リスペクト」する

「源流」で強調したのは、徹底した現場主義である。これは胸を張って言えることだが、流通業とりわけチェーン小売業の中で、ドンキほど営業現場を重視しリスペクトしている会社はないだろう。

たとえば私は現役時代、時間の余裕があるときは全国にあるドンキの店舗を「臨店」するようにしていたが、そこで店長や現場社員たちに文句を言ったり、ダメ出ししたようなことは、ただの一度もない。いつも、「君たちのおかげでこんな良い店を作ってもらって、本当に有難う！」と褒《ほ》めちぎり、現場を盛り上げることに徹していた。

企業理念集「源流」

国会議員が自分の選挙区に帰った時、有権者の陳情をじっくり聞いたり、田んぼのあぜ道で農作業をしているおばさんの手を握って、「お元気ですか」と挨拶して励ます光景を、テレビなどでよく目にするが、要はあれと同じことをしているのである。

私は、経営者がそれをやらないで、何が現場重視かと思う。しかるに小売業界で、私のような臨店をする経営者はあまりいない。取り巻きをぞろぞろ従えて、まるで大名行列のような、上から目線の臨店がほとんどのようである。

もし、ドンキを辞めた従業員たちが、皆こぞって私の悪口を言うようであれば、私は経営者失格だろう。退職した従業員が、会社そのものや直属上司の悪口を言うのはともかく、「安田が許せない」と言う人がいるなら、私には経営者としての価値がないと思う。それは私だけでなく、私の後に続く者も、さらにその後も皆、同じことだ。

「敗者復活」の文化

多様性、現場主義と並ぶドンキ独特の文化は、「敗者復活」である。

だが、これは日本の大企業ではきわめて稀なことらしい。

たとえば私の知っているある銀行員は、大変優秀で人間味も兼ね備えた素晴らしい人物だが、二十歳台後半の時のたった一度のうっかりミス（電車に銀行の現金入りカバンを置き忘れた。その後無事に返却されたが）によって、以降五十歳台になるまで、その銀行で冷や飯を食わされた（本来の能力に応じた職と位を与えられなかった）という。とんでもない話だ。そんなことで長期にわたって冷や飯を食わされ続けるのなら、ドンキなら、ほとんどの社員が冷や飯組だろう。

当社には、いわゆる〝出戻り社員〟がゴロゴロいる。しかも一度辞めた実績（？）など、何のマイナス評価にもならない。出戻った後も、その実力と実績次第で枢要な幹部社員に返り咲いたり、スピード昇進するようなことも日常茶飯事である。

少なくとも当社の幹部の多くは、幾度もの失敗や降格から立ち直り、しぶとく勝ち上がる敗者復活を経験している。またそういう社員であればあるほど、「はらわた」の据わった大幹部に出世して行くケースが多い。

人は間違って当り前、判断を誤って当り前だ。人によって成り立つビジネスに無謬《むびゅう》の世界などあり得ない。現実には（私を含めて）正しい判断より、誤った判断の方が多い。これが実態だ。間違いや失敗を恐れていては、果敢な挑戦などできやしない。ミスしたと気づいたら、速やかに撤退すればいいだけの話だ。少なくとも当社には、それを許容する体制が整っている。

人事も同じことだ。判断する方（上司）もされる方（部下）も、間違いや誤判断は常に起こり得るのだから、それをカバーする「敗者復活」は何も特別なことではない。常時当り前のようにしてあるべき制度だ。

繰り返すが、当社では一時の業務上のミスや失敗によって、後あとまで引きずる烙印を押されるようなことは決してない。従って、前述した銀行員のようなケースは、当社においては万に一つもあり得ない。

総合スーパーを再生させよう

ともあれ「源流」の策定作業、さらにその浸透には多くの時間とエネルギー、そして細心の心配りを要した。結果として、私自身にとって最後の五年間は、創業期よりも多忙をきわめた。

また、懸案だったのは長崎屋の再建である。周囲の反対を押し切って私が推し進めた買収である以上、自らの在任中に、責任を持って事業を軌道に乗せなくてはならない。

しかし構造不況の総合スーパー（GMS）業態の再生は、流通業界における難問中の難問である。それを直接抱え込んだのだから、忙しくて当り前だ。

前述したように、長崎屋を全面リニューアルして生まれ変わった総合DS業態「MEG

Aドン・キホーテ」(以下MEGA)の本格的一号店である四街道店が開業したのは二〇〇八年六月である。それ以降、全国の長崎屋は次々とこのMEGAに業態転換されて行ったが、当初から順調だったわけでは決してない。

むしろその逆で、これを軌道に乗せるには、想定をはるかに上回る多大な資金と労力の投下、そして難解なパズルを解くような知恵と忍耐が必要となった。基本的には、かろうじて黒字の出ているテナント事業で収益を担保しながら、直営小売業による赤字事業を、当社なりのノウハウと手法によって根気よく立て直していくという正攻法をとった。それは未知との戦いであり、並大抵の苦労ではなかった。

ドン・キホーテはパーソナル/シングル層のナイトマーケットを得意にしていたが、MEGAではその真逆のファミリー/主婦層のデイマーケットの開拓と深耕が不可欠になる。MEGAの各現場では、元々からの長崎屋社員とドンキ出身社員が入り乱れた混成チームが、侃々諤々《かんかんがくがく》の議論と気の遠くなるような仮説・検証作業を日夜繰り返した。売場とマーチャンダイジングは改造に次ぐ改造、修正に次ぐ修正を余儀なくされた。

MEGAにおける試行錯誤は、ドン・キホーテ一号店同様、苦節約四年近くに及んだ。その後、MEGAは安定的に利益を生み出し、長崎屋は二〇一一年四月期に、連結子会社化から四期目にして、ようやく営業黒字を達成することができたのである。

いずれにせよ、当社が独自に開発したMEGAは、日本型GMS業態の抜本的再生に成功した、現状では唯一の例だと私は自負している。

GMS再生のモデル「MEGA新川店」

さらにMEGAは、独自の進化を遂げてゆく。完全に軌道に乗った二〇一二年頃から、これを新店開発にも適用しようと、MEGAのダウンサイジング版となる一千坪型の総合DS業態「ニューMEGAドン・キホーテ」（以下ニューMEGA）を開発し始めた。

MEGAに比べてコンパクトなニューMEGAは、スペース的にも使い勝手がよく応用もきき、より高い販売効率と利益率が見込めることもあり、当社が今、戦略的に推し進めるソリューション型出店（核店舗などが抜けた商業施設から強い要請を受けての出店／詳細は第2章参照）における最大の柱業態となっている。

一方、旧長崎屋以外への出店も開始した。その第一号が、二〇一三年十二月に開店した「MEGAドン・キホーテ新川店」（札幌市）である。長崎屋が当社傘下になってから、記念すべき初の新規出店だ。

じつは同店は、「イトーヨーカドー新川店」の撤退跡地への居抜き出店である。一九九〇年開業の同店は、往時は超のつく繁盛店だったというが、近年は「イオンモール札幌発寒」の開業（二〇〇六年）などによる周辺競合の激化に加え、業態魅力と集客力そのものの劣化により、閉店時（二〇一三年九月）には売上も激減していたと見られる。

それがMEGAとなり、初年度年商でいきなり四十五億円を達成。今期は五十億円の大台超えが確実になっている。つまり、イトーヨーカ堂が諦めた店を、MEGAが見事に再生させたのだ。

時代遅れのチェーンストア理論

ところで、ドンキがこれまでDS小売業として一人勝ちを謳歌できた最大の要因は、「権限委譲を前提としたアンチ・チェーンストア主義」という、独自のやり方、すなわち逆張りを貫き通してきたからである。

わが国の既存大手小売業の多く……GMS（総合スーパー）やSM（食品スーパー）、HC（ホームセンター）、コンビニやファーストフードなど……は、アメリカ生まれのチェーンストア・システムによって成長して来た。

チェーンストア・システムはごく簡単に言えば、店舗と品揃えとオペレーションの三大標準化を前提とした、本部主導の効率的な運営・経営のシステムのことだ。いわば「頭脳」は本部にあり、各店舗はその手足に過ぎない。たしかにこの手法は、戦後から高度成長期までのモノと店が不足する時代、わが国流通業の最適システムたり得た。だからこの時代、チェーンストア理論は組織小売業のバイブルになった。

それが今、逆回転を始めている。なぜか。簡単なことだ。社会と経済と消費そのものが、根本から変わったからである。モノ余り、モノ離れと言われる現代ニッポンの消費社会において、もはや画一的な商品の大量供給など必要とされていない。むしろ多様化した「個」のニーズにどう対応するかが、今の流通業最大のテーマだ。

さらに、簡単にモノが売れなくなった。数少ない売れ筋商品でも、その売れ行きには地域差が大きく出る。そんな現代において、全国一律の品揃えとストアオペレーションを前提とする硬直的なチェーンストア理論は、もはや時代錯誤以外の何物でもない。だが旧態依然としたGMSなどは、うつろいやすいお客さまの心がとっくに離れてしまっているにもかかわらず、小手先だけのリニューアルでお茶を濁してきた。

私の経験上、こうした一見もっともらしい理論がいちばん危ない。IQの高い人が経営で過ちを犯すのは、理路整然と経営をおこない理路整然と間違うからだ。金融や投資の世界でも、理路整然とした理論はいくつもある。そして皆、それを信じて理路整然と間違える。理路整然だから正しいということには、けっしてならない。

そもそも人間の心理は理路整然とはしていない。いろんな矛盾をかかえながら生きているのが人間の様であって、それが生きている証でもある。その集合体である経済は、ある意味では生物現象の最たるものだ。それを自然科学の手法で解析する時、どちらが絶対とは言えないはずだ。

大手がドンキのマネをする時代

断わっておくが、私はもともとチェーンストア理論の否定論者ではない。流通小売業としての成長拡大と多店舗展開において、その考え方と手法の多くは、しごく真っ当なものだと思っている。

ただし、私がドンキ一号店を開いたのは一九八九年のこと。既に当時は、名だたるチェーンストアが群雄割拠する完全な成熟時代を迎えていた。今さら本部主導オペレーションによるチェーンストアとして後続参入しても勝てるわけがないと思ったから、逆張りをし、アンチ・チェーンの個店経営に撤したまでだ。

ターゲット戦略も同様である。当時から主婦やファミリー狙いの「昼間の市場《デイマーケット》」は開拓されつくしていた。そこへの参入余地はほとんどないと判断し、シングルに狙いを定めた「ナイトマーケット」重視の業態創造を行ったのだ。要は逆張りである。結果として、これが「ブルーオーシャン」（競合相手のいない領域）になった。

もっとも人口動態上、シングル層の増大は、当時から確定的未来として明らかだった。だからこそ、ドンキとコンビニは、この時代に急成長することができたのである。

そして今、大変興味深いことに、既存の大手流通各社は手のひらを返したように、揃って〝脱・画一的チェーンストア〟と個店経営の重要性を唱えだしている。この大競争時代と成熟消費社会において、売り手発想の従来型チェーンストアのままでは、とても太刀打ちできないと、遅ればせながら気がついたのだろう。

ターゲットに関しても、まるで宗旨替えでもしたかのようにシングル重視の大合唱だ。たとえば最近のSMやGMSの総菜売場などは、まさにコンビニと見まがうような少量・個食パックのオンパレードだし、都市部ではシングル狙いのミニスーパーが出店競争を繰り広げている。さらに最近では、新たに深夜営業を始めるスーパーも多いと聞く。

つまり気がついてみたら、逆に大手がドンキのマネをしていたのである。

一方、当社は国内DS小売業最大手となり、流通メジャー勢の仲間入りをした。いわばアンチテーゼが、いつの間にかテーゼになっていたようなものだ。

しかしわれわれは、決してそうした状況に得意満面になって安住してはおれない。今こそ経営理念（第四条）にもある、「変化対応と創造的破壊」の精神を発揮して、権限委譲と個店経営という独自の強さに磨きをかけておく必要がある。でなければ、そうした強さも、たちまち過去の成功体験に堕してしまうだろう。

次は「逆張りの逆張り」で勝負だ

大手チェーンストアがドンキの模倣をはじめた中、対する当社はさらにその逆張りを行く。いや、正確に言えばその先を目指している。つまり、チェーンストア・システムの〝いいとこ取り〟である。当社が独自のアンチ・チェーンとして成熟したからこそなし得る、究極のブラッシュアップ手法だ。

具体的には、チェーンストア・システムに対応した新たな部署を本部に設け、これまでのアンチ・チェーン方式によるムリ、ムラ、ムダの発生という課題を解決し、よりハイレベルな権限委譲と自由演技を可能にしようというもの。

いずれにせよ、個店経営とチェーン経営が二律背反になるのではなく、より高次元に両立する「AND」の状態……誤解を恐れずに言えば、これこそが真の日本型チェーンストア・システムにおける完成形ではないかと私は思っている。

一方、ターゲットに関しても、「MEGAドン・キホーテ」や「ニューMEGAドン・キホーテ」などを主体に、大量に主婦やファミリーを取り込もうという目論見だ。実際この層が当社にとっての新たなブルーオーシャンとなりつつある。

モチベーションを変えてはダメ

もちろん私は、ドンキを一般的なチェーンストア型の店にしようとは、一度も考えたことはない。そちらのほうが楽だろうなとは思った。しかしそれは誘惑であり、かつそちらに正解がないことも分かっていた。普通のスーパーにしてしまった途端、こちらに勝ち目はないと戒め続けた。

しかし、だんだん企業規模が大きくなると、初期の尖がった要素が薄まり、あるいは陳腐化して魅力が低下してしまう。これまでのドンキも、その陥穽《かんせい》に何回か落ちかけている。

それを避けるには、凡庸に回帰しないよう、経営者が常に留意し続けるしかない。

また、創業の頃の尖がりは、それそのものが魅力だから自由な尖がりでよく、手を加える必要はない。でも規模が拡大していくと、最大公約数的な需要と折り合いをつけた尖がりでなければならなくなる。ここが非常に難しいところだ。たとえば売上が六十億円の頃は、ドンキが大好きな少数の熱烈ファンだけ相手にすれば良かった。ところが売上が六千億円を超え、さらに成長を目指すなら、ストライクゾーンを広げて行かざるを得ない。

ただし、モチベーションを変えてはダメだ。少なくとも顧客のモチベーションは常に、「ドンキはディスカウンター」という創業の原点にある。どんなことがあっても、絶対そこから離れてはならないと、私は「源流」によって楔《くさび》を打ちこんだ。

逆にそれ以外はいくら変化してもいい。顧客の年齢、属性、国籍、性別……それは時代によって、規模によって変わればいい。しかし、「少しでも安いものを」という原点は変えない。「おしゃれで高級なものを」とは考えない。もちろん、おしゃれで高級で、なおかつ安ければ一番いい。しかし、「少々高くてもおしゃれなら」という発想は絶対にしない。それをやると、すぐ凡庸に堕してしまう。凡庸は楽だが、即、死を意味する。

常に安く売るというのは、辛いことだ。しかし、だからこそ勝ち続けることができる。

アメリカへの挑戦

二〇一二年には当社の事務管理部門を独立させ、グループのバックオフィス業務と関連サービスを提供する株式会社ドン・キホーテシェアードサービス（現・連結子会社）を設立した。さらに二〇一三年十二月二日をもって、当社は純粋持株会社に移行する。それが現社名の「株式会社ドンキホーテホールディングス」だ。

新たな組織体制づくりと内部固めに目処がついた二〇一三年頃から、再び攻めに転じた。同年九月、当社は米国ハワイ州及びカリフォルニア州で計十一店舗を展開する日系ＳＭ（食品スーパー）企業「MARUKAI CORPORATION」（以下マルカイ）を買収した。

前に記したように、当社は〇六年にダイエーのハワイ店舗を譲り受ける形で米国に初進出し、同事業を建て直して軌道に乗せた。現在、ハワイ・オアフ島にある当社の三店舗はいずれも好調裡に推移し、安定した収益を生み出している。

人口密度が高く肥沃な商圏に恵まれるオアフ島は、商業競合の激しいエリアだ。そうした中で当社が成功した要因は、食品を主体に〝日本〟を全面的に打ち出し、日系人と現地人半々のターゲット戦略による日系ＳＭ型ＤＳ業態として、独自性を明確にしてきたからだ。少なくとも、アメリカ人がアメリカ人のためにやっているような店を展開しても、こうはうまく行かなかったはずだ。

もっとも、業態としての勝ちパターンを構築しても、異国での多店舗化は非常に難しい。中でも地価の高いオアフ島は物件が常に逼迫しており、店舗開発のしづらさは全米でも一、二を争うほど。そんな事情もあり、当社は既存の日系ＳＭ企業等のＭ＆Ａを模索してきた。

ところが、ハワイでも米本土でも、有力なアジア系、日系のＳＭ企業はそう多くない。いろいろ当たってはみたものの、これという案件がなかなか出てこない。Ｍ＆Ａ戦略も膠着気味かと思われた矢先に、「マルカイ」が浮上してきた。

マルカイは大手ではないが、日系ＳＭとしてハワイとカリフォルニアで古い歴史があり、評価も知名度も高い。オーナーが老齢で、すべての米国事業を他社に譲りたいという。

私はこの好機を逃すまいと思った。マルカイを手に入れれば、当社のハワイ事業はより磐石《ばんじゃく》なものになる。何より、日系人やアジア人も数多く暮らす、全米一豊かと言われるカリフォルニア州の商圏で、自由な業態創造に挑戦できるのだ。

海外では「長崎屋主導」で勝負

マルカイ買収と同時に、同社を含む環太平洋型世界戦略の本部として、シンガポールに海外事業持株会社「Pan Pacific International Holdings Pte.Ltd.」（以下ＰＰＩＨ本社）を設立した。このＰＰＩＨ本社の保有株式比率は、ドン・キホーテが四〇％、長崎屋が六〇％である。つまり当社グループにおける海外事業は、「長崎屋主導」で行うということだ。

なぜ、海外事業が「長崎屋主導」なのか。食品が主体のＳＭは、ドンキより長崎屋の方が、業態としての親和性が高いだろう。しかし理由はそれだけではない。ドンキにはまだ四半世紀の歴史しかない。しかし長崎屋は別である。日本型ＧＭＳとして、ドンキよりははるかに長い歴史と伝統、実績がある。マルカイも同様だ。ならば、老舗の良さと強さを素直に発揮した方が、海外、とりわけハワイや米西海岸では受け入れられやすく、より効率的な事業展開ができるだろう。

そしてもうひとつ、ある意味で一番大きな理由は、Ｍ＆Ａで蘇生した長崎屋出身の社員たちにこそ、当社の海外Ｍ＆Ａ物件を成功に導いてほしかったのである。

かつてＧＭＳ企業の名門と言われた長崎屋は、業態斜陽の時代を迎えて倒産し、民事再生、オーナーチェンジを経て当社グループの一員になった。長崎屋の残存社員は、そうした流転と再生の苦しみに耐え、踏ん張ってきたにもかかわらず、必ずしもドンキで主役になり得ていないのも事実だ。とりわけプライドの高い食品部門で、そんな悔しい思いを抱いている人が多いのではないか。

ならば彼らにチャンスを与えたい。じつはそうしたことも念頭にあったからこそ、私はマルカイのM&Aを何としても成立させたかった。日の当たらないところでも、腐らず頑張って自分を磨いていれば、人生どんでん返しで一挙にのし上がれる時がある。しかも舞台は世界だ。そんな千載一遇のチャンスを、是非彼らにモノにしてほしかったのである。

実際、マルカイ既存店は今、店名も新たに「東京セントラル」という、日本式の総菜・デリカを目玉とする新業態として、続々リニューアル開業している（二〇一五年九月現在、「東京セントラル」を冠する業態は四店舗）が、このプロジェクトに携わっている中心メンバーは、いずれも長崎屋の食品畑出身の社員たちだ。

しかも現・マルカイ社長として現地で陣頭指揮に当たるのは、前・長崎屋社長の関口憲司である。

わざわざ中国に出て行くことはない

一方、海外事業の本部（ＰＰＩＨ本社／現在、私が代表）をシンガポールに置いたのは、同国がグローバルなビジネス自由度の高いアジアのハブだからだ。

ここで読者の皆さんは、こんな疑問を抱くかもしれない。そもそもなぜ、当社の海外進出がアジアではなく、米国が先だったのかと。いまや猫も杓子も中国進出じゃないか、と。

もちろん当社も、将来的には中国や東南アジア諸国における大量出店を目論んでいる。それも見越してのシンガポール本部であることは繰り返すまでもない。

実際、私のところには、アジア各国の大手企業や投資家などから、出店話や提携話が引きも切らずに持ち込まれて来る。

しかし私は、今のところそのすべてを丁重にお断りしている。

本格的なアジアへの出店は、今は時期尚早と判断しているからだ。

少なくとも、ドンキのような総合ディスカウント業態を、とりわけ中間流通が未発達なアジアで成立させるのは、きわめて難度が高いだろう。

第２章で、ドンキは〝問屋ＳＰＡ〟的業態だと書いた。要するにドン・キホーテは、わが国の極度に発達した（ゆえに複雑化して大手チェーン企業等に敬遠されがちな）日本特有の中間流通を、逆に自在に使いこなすことによって、独自の個性と魅力を発揮してきた業態である。そうした良さと強さが、海外ではスポイルされる可能性が高い。

もう一つの理由は、ドン・キホーテは市場が成熟した流通先進国だからこそ成功したビジネスモデルであるからだ。どういうことだろうか。日本やアメリカでは、百貨店からGMS（総合スーパー）、SM（食品スーパー）、HC（ホームセンター）、コンビニエンスストアからカテゴリーキラーと称される各種専門大店まで、ありとあらゆる業態がひしめき合い、日夜熾烈な競争が繰り広げられている。

そうした流通先進性と激しい業態競合は、消費者にとって便利で快適なものであるに違いない。しかしその一方で、高度に充足された現代の消費者は、どこへ行っても看板を外せば同じようなチェーン店や売場ばかりという過度な同質化と画一化に、心底から辟易《へきえき》かつ飽き飽きし、他にないオリジナリティやワクワク感を渇望している。そこにこそ、ドン・キホーテが熱烈に受け入れられる素地と余地があったのだ。

ひるがえって中国を含むアジア諸国はまだ、流通の発展途上段階にある。具体的にはGMSやコンビニ、カテゴリーキラーなど従来型業態の整備により、消費者に対してまずは「便利と快適」を提供するのが優先事項だ。逆に言えば、まだドンキのような業態が求められるほど市場と業界が成熟していない。時期尚早とはそういう意味だ。

では、当社が本格的にアジアに打って出て行くのはいつ頃になるのだろうか。結論から言えば、三〜四年、あるいはもっと先になると思う。欧米先進国の二十年の進化を、三〜四年の促成でこなすと言われる中国なら、短期間での成熟の可能性は十分あるだろう。そうなれば、中国でもわがドンキの出番到来である。

もっとも、おりからの「爆買い」の盛り上がりで、中国からもお客さまたちが大挙して、わざわざ日本のドンキを目指して来ている。少なくとも彼らにとって、ドンキは「日本にあるからこそ価値がある」のだろう。それなのに、こちらからノコノコ中国に出て行くのはいかがなものか、というのが今の私の偽らざる本音である。

一方、当社では海外展開を前提とした外国人社員（その九割が中国人）を、五年ほど前から定期採用している。現在は彼らに、インバウンド対応業務などをしてもらっているが、せっかく大志を抱いて入社してくれた彼らには、できるだけ早くチャンスを与えてやらねばならない。彼らが主体となって決め、中国人による中国人のためのドンキを作ればいい。何も日本のドンキと同じである必要は全くない。

「ドン・キホーテ物語」の完結

世界の小売業トップ10を見ると、その過半の六社までが実質的なＤＳ企業によって占められている。小売業世界一は、米国のウォルマート・ストアーズという総合ＤＳだ。いずれにせよ世界の小売市場では、ＤＳが圧倒的な勢力を誇っている。

対する日本はどうか。依然としてＧＭＳ系や百貨店系、あるいは家電量販店系等、従来型小売業がランキングの上位を独占し、国内ＤＳ業界首位の当社がやっと十二位（二〇一五年六月期）だ。総合ＤＳが売上トップ10に入らない先進国は、日本だけである。

しかしわが国も近年、欧米諸国並みの大消費増税時代と、急速な格差拡大社会を迎え、それに伴い総合ＤＳ業態が確実に勢力を増していくと私は見ている。

そうした点からも、日本型ＧＭＳ再生の決め手は、「総合ＤＳ化」をおいて他にない。前述したように、今のところその唯一の成功例がＭＥＧＡ業態シリーズということになる。

そもそも歴史を振り返れば、日本型ＧＭＳは総合ＤＳに近い業態としてスタートし、高度経済時代に大成長した経緯がある。それがいつの間にか高経費体質化して、気がつけば「何でもあるけど、欲しいものが何もない」と揶揄《やゆ》される状態に陥ってしまった。

いずれにせよ現況のＧＭＳ企業に、強力な総合ＤＳ業態を構築できるインフラと体質、体力が備わっているとは到底思えない。また、単にローコストの徹底だけで実現した、豊かさと面白みのないDS（私はそれを〝プアDS〟と呼んでいる）は、わが国のような成熟消費社会ではなかなか受け入れられないだろう。

そうしたことを勘案すれば、真のGMS再生に明快な解を出す「ポストGMS」のポジションに、当社が最も近くいるのではないだろうか。

もしそうだとすれば、私の中の「ドン・キホーテ物語」は、一応の完結を見ることになる。なぜなら第2章で触れたように、私はドン・キホーテ創業の時、槍を掲げて巨大な風車に、孤軍奮闘で立ち向かおうとした。そして私の中ではその風車こそ、当時絶頂をきわめていた日本型GMSのメタファーだったからである。

第5章　不可能を可能にする安田流「逆張り発想法」

「はらわた」とは何か？

ドン・キホーテの社内では、「はらわた」という言葉が一般用語化している。本書でも何度か出てきたが、それがそのまま社内広報誌のタイトルにもなっているほどだ。営業現場でも、「もっと『はらわた力』を磨け！」とか、「お前はまだ『はらわた』ができ上がっていない」などといった会話が、日常的に飛び交っている。

この「はらわた」とは、私の生きざまと壮絶な体験を通じて、文字通り腹の底から湧き出てきた言葉だ。「はらわたがよじれるくらい可笑しい」とか「はらわたが煮えくりかえる」などと表現する、あの「はらわた」である。漢字で書けば「腸」となるだろう。「腸《はらわた》」は「肝《きも》」とは違う。たとえば「肝っ玉がすわっている」と言えば、物ごとに動じない堂々たる様だが、「はらわた」はそんな立派なものじゃない。未完成で泥臭く、およそスマートなイメージとは対極にある。

しかしこの「はらわた」力の有無が、土壇場に追い詰められた人の明暗を決する。周りがすべて討ち死にしても、一人だけ生き残る強運を、「はらわた」はもたらしてくれる。

賢明な読者はもうお察しだろう。私の言う「はらわた」とは、もがき苦しむ力であり、紆余曲折しながら最後に這い上がろうとする一念だ。

川の濁流に呑まれても、なりふりかまわず土手にしがみつき、藁を摑んでも懸命に流されまいとする精神力である。土俵際に押し込まれても、ギリギリで俵を割らずに耐えに耐え、切り返してうっちゃりを仕掛けようとするしぶとさだ。

私は人生でも仕事でも、「もうダメだ」と進退きわまる局面に幾度となく陥った。そんな時、いつも内から不思議な力が湧いてくる。そして何らかの活路を見出し、どうにかこうにか浮び上る……今もその繰り返しだ。

それを支えるものとして、信念とか志、いわんや不撓不屈《ふとうふくつ》などという立派な言葉や理屈では、どうしても説明することができない。少なくとも実戦派の私には、「はらわた」という表現しか思い浮かばないのである。

人生も仕事も経営も、きれいごとばかりではない。高邁な理想を語る前に、まずは目前にある現実との格闘が待ちうけている。

だからこそ「はらわた」を据え、常に粘り強く戦い続けなければならない。繰り返すが、格闘における最大の武器は「はらわた」である。そして「はらわた」の核を形成するのは、「何が何でもこうありたい」という自己実現の強烈な思いと執念、ひたむきさにほかならない。

逆に独自の「はらわた」さえでき上がれば、今のような時代の激変期には、驚くほど効率的に成功の階段を駆け上がることができる。資本も人脈も経験も要らない。だから私の中では、「はらわた」は人がのし上がっていく上での最大・最強のキーワードだ。

成功の最大の果実は羨望から解き放たれたこと

第1章でも触れたように、若い頃の私は人一倍妬《ねた》み深く、人のことを羨《うらや》んでばかりで、それこそ不平不満の塊みたいな男だった。カッコいい車に乗り、きれいな女性を連れ歩く自分と同年代の男などを見ると、もうそれだけで許せない。「こんちきしょう！」と悔しさで頭が一杯になったものである。

長じて社会人になっても、お金をたくさん稼いでいる人や、皆に認められ、尊敬されている人に対して、胸が張り裂けんばかりの妬みを抱いた。でも、もちろんそんなことは口に出せないから、自分の心がそのダメージに侵食されていく。いわば嫉妬心の自家中毒患者のようなもので、内面的にはかなり苦しく辛い思いをした。

もっともそうした、ある種偏執狂的なまでの思いが、強烈な上昇志向と内圧の高さに直結したのは間違いない。それがなければ、今日のドンキの成功はなかっただろう。

そして五十歳を過ぎた頃、憑《つ》き物が落ちるように、そんな嫉妬や悔しさの〝囚《とら》われの身〟から自由になった。さらに、成功した人に対する妬みや羨望の思いがほぼ消え失せたのは、五十五歳の頃だ。自らの成功を、それなりに自覚できるようになったからだろう。

そうして私は、人の成功を我がことのように喜べるようになった。高い能力を持つ人を、素直に称賛できるようになった。心象風景的に言えば、これはものすごく楽なことである。悶々と負の葛藤に苛《さいな》まれた若い頃には想像もつかなかったような、豊かで明るく、優しい気持ちを人に対して持てるようになったからだ。私にとって、これこそが成功による最大の果実だと思っている。

それはともかく、読者の中にも昔の私のように、心の内圧の高さを持て余している人がいるかもしれない。基本的に内圧の高い人は、それに比例するようにして不満度も高い。そしてその副作用により、たとえば職が安定しないとか、下手をすれば負け組になってしまうこともある。内圧が低くて、ただ言われたことを勤勉にこなしている人よりも、失敗する確率も高いだろう。しかし、そういう人たちにこそ、私は心からエールを送りたい。是非、成功をモノにしてほしいと思っている。

今、あなたの手の届くところに木の実がある。でも、木のてっぺんにはもっと大きな実が生っている。登って採ろうとすると、木から落ちてしまうかもしれない。しかし内圧の高い人なら、そうしたリスクを冒してでも、木によじ登って大きな実を収穫しようとする。その勇気と気力を支えてくれるのが、前述した「はらわた」だ。

素人にも強みがある

私は全くのド素人で小売業を始めた。知識はゼロ。経験もゼロ。もちろんその道の師匠などいない。頼りになるのは自分の勘しかなく、必然的に〝自分流〟を極めるしか他に方法がなかった。

しかし素人には、唯一にして最大の特権がある。なまじ業界を知らないから、誰も考えつかない自由な発想が生まれ、時としてとてつもないビジネスチャンスをモノにすることができるのだ。

ナイトマーケットを発見したのも、「物販小売業」ならぬ「時間消費小売業」という全く新しい業態を創造できたのも、ひとえにこの〝自分流〟を貫き通したからだ。前述したように、徹底した「アンチ・チェーンストア」という逆張りに辿りついたのも、同様の理由からである。

もし私が、既存の流通企業などに勤めた後、その経験をもとに小売業を始めていたらどうなっていただろうか。考えるだけでもゾッとする。

多少なりとも店の経営や仕入れ、売り方や陳列などの知識があっただろうから、いくらへそ曲がりの私でも、それに従って店作りをしたに違いない。少なくともそこから、今のドン・キホーテが生まれることは絶対になかった。

無手勝流という最大の武器

昔から私は大の本好きで活字中毒だが、ビジネス指南書やハウツー本の類いはいっさい読まない。だからよくは知らないが、たとえば「あなたも起業家になれる」などという題名の本には、こんなことが書かれているのではないだろうか。

「まずはその道の優良企業に就職して経験を積め。そこでしっかり知識を習得し、技術を磨きながら、資金を蓄えてその日に備えよう」

これは完全なウソである。一見、説得力のある言葉だが、その分、人を惑わす罪深な大ウソである。今のような激動と大競合の時代に、そんな子供だましの教えは通用しない。

たしかに起業するにあたって、業界知識や経験、さらに資金や人脈に恵まれていれば、スムーズに事業が立ち上がり、最初の何年かはあまり苦労もせずにすむかもしれない。しかし、ビジネスがそれなりに軌道に乗り、「さあ、事業を拡大しよう」という一番大事な矢先に壁が立ちふさがり、あっけなく潰れてしまうのはよくあることだ。より大きな資本に目をつけられ、呑みこまれてしまうからである。

既成の業界常識やシステムに則ったやり方をしている限り、やがて資本と情報力に勝る大資本に喰われる。これは生き馬の目を抜く現代ビジネス社会の掟であり必然だ。

小売業で言えば、どんなに個性的な繁盛店を作っても、その本質が既存業態の延長であれば、成功ノウハウはすぐ盗まれる。その上で同じ商圏に大手チェーン資本が進出してくれば、個店はひとたまりもない。

ところが素人のやることとは違う。そもそも何も知らないから、既存の成功パターンをなぞることができない。資本も技術もない私の場合、大手のマネをしようという発想そのものすら思い浮かばなかった。だから無手勝流、つまり自分がナマで体験し考えたオリジナル戦法を積み上げて戦うしかほかに術がない。

逆に、これが大手に対抗する最大の武器になる。一般的な業界常識の視点からは理解不能だから、手の出しようがないのだ。ドンキ一号店が軌道に乗り出して以降、誰にもマネできないオンリーワン業態として今日まで順調に成長し得た、これが最大の要因である。

マネは徒労である

では「業界常識」とは何か。それは先発企業の膨大な成功実績にほかならない。そして先発企業には、巨大な資本と人材、圧倒的なシステムとノウハウの蓄積がある。

業界常識に従うとは、そうした先発企業と同じ土俵、同じルールで戦うことを意味する。言い換えれば、業界常識とは「勝利者の論理」であって、「勝利のための論理」ではない。だから、後発企業が先発企業のマネをしても絶対に勝てない。

もっとも日本の経済が右肩上がりで、競争条件の緩やかな時代にはそれが可能だった。実際、日本の流通業は皆、アメリカ流通業の成功例をマネして大きくなった。スーパーマーケット、ホームセンター、ディスカウントストア、コンビニエンスストア、ハンバーガーチェーン……ほとんどすべてがそうである。

しかし、古きよき時代はとうの昔に過ぎ去った。今はちょっとやそっとではモノが売れない。しかも、既成の業態は競合激化で完全な飽和状態にある。そんな時代に、既に確立された業態部門に参入しても、絶対に成功することはできない。資金がなければなおさらだ。だから今、マネは徒労にしかならない。

仮に私がコンビニや既存ディスカウントストアのマネ、あるいはそれらのいいところ取りのような商売をしていたら、今ごろは大手に呑みこまれているか、よくてもどこかのフランチャイズチェーンの傘下で、私はその店のオーナー店長どまりだったろう。

大手に打ち勝つには、逆張りしてオリジナリティとユニークさを磨くしかない。前述したオンリーワンとしての強さの発揮である。

では何があればそれを実現できるのだろうか。経済も消費も成熟した今のような時代、起業家にとって最大の資本は金ではない。「知恵」だ。

知恵は知識ではない。知識や体験は時として邪魔にさえなる。知恵は常にしがらみや制約のない自由な立場と発想の中から生まれる。この知恵の発揮こそ、プロや大手に勝る、素人最大の財産である。

たとえば、夜中に商品を店に運び入れる作業をしていて、営業中と勘違いしたお客さまが入ってくる。それによりナイトマーケットの可能性と有望性に気づくのが知恵だ。

あるいは怪しげなバッタ商品をかき集め、置くところがないので仕方なく棚にぎゅうぎゅうに押し込んだら、逆にお客さまがそれを面白がっていると気づくのも知恵である。

人マネでは決して知恵はつかず、人と同じことしかできなければ永遠に大手や先発組には勝てない。しかし、知恵を働かせて他と違うことを始めれば、少なくとも成功に向けた第一歩は、踏み出すことができるはずだ。

「ボトルネック」をどう抜け出すか

何のために知恵を働かすか。問題を解決するためである。

ここで私なりのソリューション（問題解決）術を紹介しておこう。

昔なつかしいラムネの瓶を思い浮かべてほしい。瓶の首が細くなって流れが滞る場所を「ボトルネック」という。ボトルは「瓶」で、ネックはその「首」。「隘路《あいろ》」とも呼ばれる。

私の頭の中には、いつもこのボトルネックが複数存在している。こちらからあちらに行きたいけれど、ボトルネックの先には進めない。逆にそこを抜けだすことができれば、一気に問題が解決する。どうすればそれをクリア（脱却）できるのか、ああでもないこうでもないと、色々考えるわけだ。

私の場合、短い時間に集中して考えることはしない。たとえば一週間とか十日といったタームで、ボトルネックを頭の中で飼い、同居するのだ。一日のうちに五回とか十回、食事をしたりトイレに行ったり、あるいは歩きながら、ああでもないこうでもないと、何度も反芻《はんすう》してそれを考える。

この時間は、非常に苦しい。まさにガマガエルのごとく、脂汗を流しながら苦悶し、唸りながら考える。

だが、ボトルネックをスコーンと抜ける瞬間がやってくる。

「あ、そうだ！」「これだ！」

思考がスパークし、自分の腹にすとんと落ちてくる。頭の中に火花が散る感じもする。私がものを考えているとき、いつも発想がパッと浮かんではパッと消える。それこそ泡みたいなものだ。だから脳細胞のパルスがパッと火花を散らしている時に、その瞬間をとらえなければならない。瞬間が勝負だ。だから、イメージを書き留めることもしない。書いているうちに、そのイメージが逃げてしまう。書くスピードが追いつかないのだ。

この感覚を他人に話しても、なかなか理解してもらえない。ただ、理系の人に話したとき、「数学者が難問を解く際の感覚に似ている」と指摘されたことがある。実際、私は今も『サイエンス』など理系の雑誌や本が好きだし、もしかしたら関係あるのかもしれない。

ただしそうやって「抜けた！」と思った時に、じつは抜けていないものも半分あって、また新たな隘路に行く手を阻まれることもある。でも半分は抜けているから、やや変な表現だが、よりレベルの高いボトルネックになっていることが多い。

問題を考える際に大切なのは、そもそもどこに問題点があるのかが明確に見えていなければならない。でなければ、ボトルネックのイメージすら持てないだろう。逆にボトルネックのイメージがはっきりと摑めれば、すでに問題はおおかた解消に向かっていると言えるかもしれない。

たとえば学校の秀才は、問題があって必ず答えがあるという世界に生きている。しかしビジネスでは、見えないボトルネックの存在を認識できなければダメだ。さらに、ボトルネックはいつもその形が異なるし、答えもその都度異なる。一つの方法だけでなく、いくつかの方法を組み合わせて、やっと抜けられる場合もある。

いずれにせよ、人には見つけられないボトルネックを認識し、常に頭の中でそれを抱え続けてもがく力が、私は他人より強いようだ。私は、ボトルネックを脱したら必ずその先に天国があり、幸せがあり、黄金があると確信しながら、いつもそれと格闘してきた。

「切り結ぶ太刀の下こそ地獄なれ、踏み込みゆかばあとは極楽」という武士道における格言がある。真剣で斬り合うのはまさに地獄のように恐ろしいが、勇気を持って一歩踏み込んでいけば、見えないものが見えて道が開け極楽のようになる、と一般的に解釈されている。私にとってのボトルネック解消も、まさにこれと似たようなイメージだ。

ネックが細いほど、つまり難問であればあるほど、ウンウン唸って考え抜いて、最後まで来ても優柔不断に陥り、決断できない（答えが出せない）ことがある。

どんな決断にもリスクがあり、とりわけ難問に対する決断は誰だって怖い。私だって同じだ。そこで「踏み込む力」が必要になる。そういう意味では、単なる知恵だけでボトルネックを抜けることはできない。知恵にプラスして、勇気と胆力が不可欠になるのだ。

主語は「自分」ではなく「相手」に置け

「目から鱗《うろこ》が落ちる」という喩えがある。何かがきっかけになって急に物事の実態がよく見え、理解できるようになることだ。

私も自らの商売と経営の行き詰まりを通じて、目から何枚も鱗を落とし、そのつど発想の転換を図って自分を改めた。中でも最大のそれは、「相手の立場になって考え、行動する」ということである。「なんだ、そんな月並みなことか」と言わずに読み進んで欲しい。

仕事をしていれば、多かれ少なかれ誰もが壁にぶつかる。よほど呑気な人でない限り、なぜその壁を越えられないかの原因を探り、様々な打開策を試みるだろう。でも、うまく行かない。色々やってみるのだが、なかなか壁を越えられない、突き破れない。

こういう場合は、打開策が同じ立脚点からしか発想されていないことが多い。何度試みてもダメなのは、手を変え品を変えているつもりで、じつは本質が何も変わらないからだ。

ここで変えねばならないのは、手でも品でもなく、立脚点そのものだ。立脚点を変え、原因を解決する側ではなく、原因になっている側から発想してみる。要は自分を主語にするのではなく、相手を主語にして考えてみるのだ。そうすると目から鱗が落ちて、今まで見えなかったものが鮮明に浮びあがって来るはずである。

たとえば事業がジリ貧になってきたとする。多くの場合、根本的な原因が分からないからこそジリ貧に陥る。

ジリ貧とは、相手、すなわち取引先や消費者にとって、自分のビジネスや商売に対する必要度と支持度が低下している状態を指す。その原因も、本気で相手の立場になって考えれば瞬時に解明できることが多い。

だから仕事やビジネスでは、常に主語は「自分」ではなく「相手」に置くべきだ。すなわち「主語を転換せよ」というのが、私の中でも最大級の体験的成功法則である。

ところが「言うは易し行うは難し」で、これがなかなか身につかない。生まれつきよほどのお人好しか達観した人でない限り、世界は自分を中心に回っているから、ほとんどの人の目には、「主語は自分」という鱗が何層にもへばりついている。

私の場合もそれを落とすには、窮地に立つ修羅場経験や苦労、そしてその状況を何とか打破せんとする、強い思いと意志が必要だった。

売る側の意図は必ず見破られる

たとえば商売を始めた頃の私は、売る側からしか、ものを見ることができなかった。売ろうとするから売れない。儲けようとするから儲からない。なまじハングリーだから、よけいにそれが強く出て悪循環に陥る。

下手なお笑い芸人ほど、観客を笑わせようという意識が前面に出て、結局笑わせることができず、場はますますしらけてしまう。これと同じ構図で、売ろうとすればするほど、お客さまはその風圧を感じて、逆にドン引きしてしまうのだ。

そんな辛酸を何回もなめ、私はどうしていいのか分からず、一時は行き詰まりに行き詰まった。そうして幾重ものボトルネック脱却を繰り返し、ようやく見えて来たのが、「売る側の意図など、買う側からは簡単に見破られてしまう」ということだ。

たとえば、「どうせ元値は分からないんだから、この際ちょっと儲けてやろう」「ちょっと誇大な宣伝をしてやろう」……こうした安易な商売っ気は、必ず見抜かれる。その時はバレずに一時的に儲かっても、間違いなく後で手痛いしっぺ返しを喰らう。

「他の店でも売っている商品で暴利をむさぼろうとすればバレるかもしれないが、他店にない独自商品なら分かりゃしないだろう」と考えたとする。しかし、必ずバレるのである。

もはやこれは理屈ではない。売場が発する不正直な気配といおうか、ズルそうなオーラといおうか、そんなものが店全体に立ち込めて、最後は必ずお客さまに見抜かれてしまうのである。

商売は真正直が一番儲かる

それを思い知らされた私は、ならば真正直に商売をやろうと思った。ドンキで追求するのは、「金（売上と利益）より人気（お客様の支持）だ」と割り切ったのである。

不思議なもので、そう決めたとたん、売上と利益はみるみる上がりだした。結局、商売は真正直にやるのが、最終的に一番儲かる方法なのだ。商人道を説くつもりはないが、現代の商売において、真正直こそが最も実効性の高い現実的手法なのだ。

何度も触れたようにドン・キホーテグループの企業原理は「顧客最優先主義」だ。私はこの「顧客最優先主義」を、「仮に自分がお客さまだったら、一体どうして欲しいかを具現化すること」と定義している。

もちろん商人なら誰でも、「売りたい」「利益を上げたい」と常に思っている。一方、「売上に貢献して儲けさせてやろう」と店に来られるお客さまは、ただの一人もいないはずだ。この売り手と買い手の構図は未来永劫不変だろう。

ならばいっそのこと顧客の側に立って、「ドンキに来て面白かった、得をした」と思っていただこう、というのが当社の基本姿勢である。つまり主語を転換して、徹底して買う側に立った発想をするということだ。

余談だが、こうした主語の転換の重要性は、何もお客さまとの関係だけに留まらない。たとえばライバル店との戦いなどにおいてもそれが言える。自店ではなく相手の店の側に立って、何をされたら一番困るか、つまり「これをされたらかなわんな」ということを、徹底的に突き詰めるのである。こうして主語を転換すれば、対競合戦略等におけるアイデアの精度も飛躍的に高まる。

上司と部下の関係においても同様だ。上司という主語を変えずに、「部下をどう使うか、どう真面目に働かせようか」といった〝上から目線〟ではなく、部下に主語を転換して、「自分だったら、上司にどう扱われればヤル気になるだろうか」を、まずは一生懸命考えるべきなのである。

売る側と買う側の境界をファジーにする

お客さまはこちらが「売ろう」とすればするほど固く身構え、買って下さらないものである。だから、そもそも「売ろう」という気持ちを消し去ることだ。売ろうとするのではなく、お客さまの側に立って、「思わず買いたくなる場」を作るのだ。創業当初から、私は現場でこのことを、嫌というほど学んだ。

だからドン・キホーテでは、売場を「買い場」と呼んでいる。店がモノを売る「売り場」ではなく、お客さまがモノを買う「買い場」とし、あくまでも「主語はお客さま」という意識を現場に徹底させているのだ。「買い場」は単なるお題目でも言葉遊びでもない。当社がいう「買い場」には、売る側に身を置きながら、買う側に立って初めて成立する。

買う側に立つビジネスというのは、頭では理解できても、実行する難易度はかなり高い。

売る側と買う側の利害は、一般的には相反するからだ。いわゆる「トレードオフ」の関係である。お客さまにとって都合のよいことが、必ずしも店（企業）にとって都合がよいとは限らない。むしろ、その逆の場合がほとんどだろう。

それでも優先すべきはお客さまの都合だ。たとえ管理がしにくくても、万引きの発生率が高まっても、お客さまが面白さをお望みなら面白い売場を作るべきなのである。

たとえば圧縮陳列やＰＯＰ洪水、ジャングルのような売場演出は、売る側からすればじつにやりにくく、面倒きわまりない手法だ。お客さまが望んでいるからそうしているわけで、少なくとも「管理のしやすさ」とは対極にある。当然、ロス率も高まる。

ただし単に買う側の都合だけを突き詰めていけば採算度外視となり、そもそも企業経営が成り立たない。逆に、売る側の立場を優先させれば管理手法の強化につながり、今度は既存のチェーン企業と何ら変わらなくなる。

ではどうすれば良いのか。

その答えは、「売る側と買う側の境界を常にファジー（曖昧）にしておくこと」だ。すなわち自分が売る側か買う側か、一瞬分からなくなるような状態に置くのである。

「何を提供できるか」というのはあくまで売る側の論理で、これでは買う側には立てない。

そうではなく、自分が買う立場だったら「こうして欲しい」というのがまずあり、次に、ではどこまで具体的に対応できるかを考えていくのが、ドンキの「買い場」作りだ。

つまり、売る側にも買う側にも振りきらないファジーさ、言い換えれば相反する要素を融合させる優れたバランス感覚を維持すること。これができて初めて顧客本位となり、その結果、店として利益を出せるというのがドンキ流なのである。

蛇足ながら、「買い場」と同時に、「売上げ」ではなく「買上げ」という言葉に統一しようという案も、かつて社内で俎上《そじょう》に上ったが、これはお客さまとの相対には直接関係なかろうとの理由から、却下された経緯がある。

「OR」ではなく「AND」で考えろ

第４章で紹介した『ビジョナリーカンパニー』という本の中に、『ORの抑圧』をはねのけ、『ANDの才能』を活かす」というくだりがある。いわゆる「止揚《しよう》」だ。これは二つの対立する概念をより高い段階で統一すること、さらに分かりやすく言えば、「あちらを立てればこちらが立たず」ではなく、結果として「あちらもこちらも立てる」ことだ。

ごく単純な例としては、「安くてうまい」とか、「早くて正確」といったようなことである。

ドン・キホーテの業態コンセプトである「CVD＋A」（コンビニエンス・ディスカウント＋アミューズメント）にしても、属人的権限委譲と多店舗チェーン化の両立、あるいは前述したドンキ独自の「買い場」作りにしても、要は「止揚」がなされているということであり、これは企業に内在した、ドンキのDNAみたいなものだと私は思っている。

それにしても「ORの抑圧とANDの才能」とはよく言ったもので、本当にうまい表現だ。まさにドンキの本質を射抜くようなコピーで、初めて目にした時は、まさに「わが意を得たり！」と、本当に膝を叩いたものである。

もっとも、経営者として今までやって来たことをよくよく考えてみれば、これは当り前のことだとも思う。ビジネスは二者択一ではなく、常に「こちらも立て、あちらも立てる」という「AND」の発想でなければ成功しないからだ。

そもそも二つの事柄が、矛盾すると考えなければいい。たとえば、塩と砂糖を混ぜるといい味が出るように、料理の世界では「AND」が当り前だ。経営も全く同じではないか。実際に実行するのは難しいことではあるが、「AND」こそ成功の要諦なのである。

たしかに二者択一の「OR」は腹に入りやすく、説得力がある。だから組織の意思決定は、ともすれば「OR」に流されやすい。でもそれを受け入れるのは凡庸な企業だ。勝つ企業はあえてロジカルに「OR」の二択には分けない。「AND」を目指して悩み続ける。

その解はないかも知れない。ならば答を出さないことだ。少なくとも「AND」に向けた、一番いい〝程あい〟というものがある。これを突き詰めればいい。この〝程あい〟の妙が、繊細で上品で美味な、極上の料理＝味を実現する。経営、ビジネスも同じことだ。

私は、ドンキの店も組織も、有機生命体だと思っている。そもそも人間という究極の生命体も、交感神経と副交感神経が作用し合って健康が保たれているではないか。これもまさしく「AND」の世界だろう。

そういう意味では、生命体そのものが「OR」ではなく「AND」なのではないだろうか。そしてこの論理は国家にも敷衍《ふえん》できる。共産主義国家が発展しなかったのは、共産思想の本質が「OR」だからだ。これでは生き残れるわけがない。

凡庸は即、死を意味する

ところで、実際の経営の場においては、もっともらしい理屈や提案などが色々と出てくる。しかしそれらに乗っかると、たいがい間違えてしまう。

たとえば新興企業が十年以上存続するのは、わずか六・三％しかないという統計があるそうだ。まして百億円以上の企業規模に育つ確率は、万分の一もないだろう。

命がけで起業するわけだから、いいかげんな経営をしているわけではない。それでも、ほとんど生き残れないのは、もっともらしい理屈やもっともらしい方法論を正しく信じた結果、〝正しく〟潰れてしまうからだ。だからこそ、もっともらしい話であればあるほど、経営者は警戒しなければならない。

私は部下の話を聞く場合でも、それがもっともらしく、まともに聞こえる時ほど、「いや、ちょっと待てよ」とウォーニングランプ（警告灯）を点灯させるようにしている。彼らはたいてい、物事のいい一面しか見ていない。だから歯切れのいい話や説明ができるのだ。

これも「OR」の陥穽と言えるだろう。いずれにせよ安易に「OR」を選ぶと、話がもっともらしい方に流れ、結局、これが失敗のもとになる。凡庸な案に始まって、凡庸な失敗に終わるのだ。世間にはこういうケースが圧倒的に多い。全体経済が右肩上がりの時なら、「可もなく不可もなく」でいいかもしれない。しかし市場がどんどん縮小していることの時代に、新たに凡庸なことを始めるのは、即、死を意味する。

企業にもアポトーシスが必要

少し話は変わるが、一般的にも、個の最適は全体の最適につながらない場合が多い。

何度も言うように、ドン・キホーテはトイレットペーパーからスーパーブランドまで、何でも扱うフルラインの総合品揃えを行っている。しかし売場面積はGMS（総合スーパー）の五分の一から十分の一程度だから、売場は固定化が許されず、常に変化し新陳代謝を繰り返さなければならない。

すると、こういうことが起こる。たとえばアパレル（衣料品）の担当者としては、ずっと今売っている場（スペース）を確保して担当商品を売り続けたい。一方、店全体の利益を考えれば、シーズンが終わったら、アパレル商品はさっさと処分してひっこめ、そのスペースを食品に明け渡したい。

つまり、それぞれに権限委譲をすると個の最適が先に立ち、全体の最適と一致しづらい。これを調整するために、店舗側、事業部（商品部）側に色んな決めごとや縛りを課しているが、なかなか白黒がつかず、結局、前述した「正解のない世界」に収まることになる。

ここで必要なのは、生物体で言うところのアポトーシスだ。アポトーシスとは生命体の正常な細胞が自ら死を選び、新たな細胞と入れ替わっていく現象である。アポトーシスをせずにひたすら自己増殖を続けるのが、ガン細胞だ。

企業も同じだ。個の最適だけを追求すると、ガン細胞化し、企業全体を蝕む。これはまずい。だからといって、個に主権を与えない限り、組織は活性化しない。これぞ究極の「AND」の世界であり、われわれにとってもじつに悩ましい、永遠のテーマだ。

個々に主権と独立した機能を持たせることは絶対に不可欠である。一方で全体の調和もきちんと担保しなければならない。

当社では、基本的に一定のコアな枠（各売場構成）を決める。その中で個が正解を出そうとすれば、必然的に圧縮陳列をやらざるを得ない。競い合うようにして、個々の領域の中で、一分のスキもないように商品を陳列する。

かといって、個の独走を許せばガン細胞化するから、全体最適でコントロールしなければならない。だから当社のやり方は難しい。こういうことは他社から見たら意味不明かもしれないが、ゆえに独走が可能だった。誰も真似できないということが、圧倒的な参入障壁になったからである。

もっとも後述するように、私がこれから担当する海外では、もう少し難易度を下げて出店するつもりだ。ただしそうなると、今度はその下げ方が分からない。これも「AND」

を追求しながら、試行錯誤をし続けるしかないだろう。

ともあれ私は、企業とは森林のような生命体と捉えている。健全な森林として生命を維持していくために、場合によっては滅びてもらわなければならない草や木もある。そうしたアポトーシスができなければ、森林も企業も衰退する。

私の勇退も、ドンキがドンキとしての生命を維持し、さらに栄えていくためのアポトーシスだと思っている。

運にレバレッジをかけよ！

私は人一倍負けず嫌いだが、じつは負けの数も人一倍多い。にもかかわらず、何とかここまで到達できたのは、何回負けても絶対に〝大負け〟はしなかったからである。

ビジネスの勝負は、野球やサッカーのように一点差でも勝てばいいというものではない。つまり一試合ごとの勝率を競うゲームではなく、どこまでも点の総量（得失点差）を競いあうエンドレスゲームだ。

だから「小さなたくさんの失敗（負け）」と、「数少ない大きな成功（勝ち）」があればいい。要は大勝ちによるプラスが、小さな負けで積み上がったマイナスを上回ればいいのだ。

ところが実際にはこれが難しい。なぜなら、えてして人は「負け」には敏感だが、「勝ち」には意外なくらい鈍感だからである。

たとえば、商売で五十万円損をしたとしよう。前述したように人は負けに敏感だから、たいがい意気消沈して次に悔しがり、死に物狂いでその負けを取り戻そうとする。

しかし百万円儲けられる時に、五十万円しか儲けられなかった。そこで「五十万円も儲け損なってしまった」と心底悔しがれる人はきわめて少ない。多くの人は、「それでもまあ、五十万円儲かったんだから良しとしなければ」というレベルに留まってしまう。

これではダメなのである。得るべき果実を完全に収獲できなかったことを、地団太踏んで悔しがれる人が本当に強い勝負師だ。

さらに、「今の自分には少なくとも百万円勝てるツキと上げ潮があるのだから、さらに二百万円、三百万円と儲けることができるかもしれない。さあ、どうやって大きな勝ちを摑みに行こうか」と思える人、つまり勝ちに敏感かつ貪欲な人がビジネスでは大きな成功を収める。

ところで、成功した経営者などが、新聞や雑誌、テレビ等のインタビューでその理由を聞かれ、「運が良かったからです」などと答えている記事や番組をよく目にする。私も聞かれれば、たいがいそう答える。

しかし、私も含めて、それは本心ではないはずだ。皆、心の中できっとこう思っているだろう。

「運が良かったのは事実だけど、その運を呼び寄せ、活かしきったのは俺の力だ」と。

しかしストレートにそう言うと、いかにも偉そうで不遜なイメージを与えるし、あらぬ誤解や嫉妬を招きかねない。だから「運が良かった」と無難に省略して答えているのだ。

私は、人によって運の総量そのものに大差はないと考えている。たしかに現実には運のいい人とそうでない人がいる。しかし、それは与えられた運をどう使ったかという違いにすぎない。

すなわち運のいい人とは、「運を使いきれる人」であり、運の悪い人は「運を使いきれない」あるいは「使いこなせない人」と言えるだろう。つまり運には差はないが、結果は大きく異なる。だから難しいのは、運の使い方である。

では「運を使いきる」とはどういうことか。通常、ピンチ（不運）をしのげば、その後に幸運がやってくる。ピンチが大きければ大きいほど、訪れる幸運も、それに逆比例して大きなものとなる可能性を秘めている。

だからそういう時は、「得手に帆を揚げる（得意わざを発揮できる好機が到来し、調子に乗って事を行うこと）」ようにして、エンジン全開で思い切りレバレッジ（てこ）をかけ、その幸運を一気呵成《いっきかせい》に増幅させなければならない。

不運の最小化と幸運の最大化

でも、これがなかなか難しい。それなりの能力がある人なら、巧拙こそあれ、たいがいのピンチはしのげるものだ。しかしそこに全精力を集中するあまり、あるいはピンチそのものがトラウマとなって、幸運が訪れた時に全力を出し切れないケースが多いからである。

不運と幸運が交互にやって来るならば、不運を最小限に留め、幸運を最大化するのが、人生最良の道だろう。どうすればそれができるのだろうか。

結論から言えば、不運の最小化は、幸運の最大化によってのみ可能となる。これがなかなかできないから、思ったより早く、また不運がやってきてその対処に四苦八苦することになるのだ。

長い人生でも、大きなチャンス（幸運）には、そうたびたび遭遇するものではない。繰り返すが、そういう時は、がむしゃらに一点突破する気持ちでいいから、行けるところまでとことん突き進むべきである。そうして幸運の最大化を図れば、それがまた次の幸運を引き寄せる。

往々にして、運が悪い（と言われる）人は、チャンスの時はほどほどにこなし、逆に不運な時に、必死の形相で頑張って、それが結果的に悪あがきとなり、さらなる不運を招くという悪循環に陥るものである。

さらに不運の連鎖に陥る最悪パターンは、目の前にチャンスがぶら下がっているのに、それを摑もうとさえしないことだ。

こういうことはビジネススクールでは絶対に教えてくれないだろうが、チャンスがある時（幸運な時）に機敏な対応をしない人は、チャンスがない時（不運な時）に的確な対応をしない人よりも、もっと不幸になる。

ツキのない時は「見」を決め込む

ツイている時は思いっきりビッドを張って勝負に行くべきである。しかしツイてない時、もしくはどちらか分からない時は、じっと耐えて何もせず、ひたすら守りに徹するのが得策だ。ツキのない時の悪あがきは、それがなんであれ、十中八九無駄骨に終わり、往々にしてさらなる劣勢を招くことになる。少なくともこのメリハリと使い分けが、私の人生と仕事における最大級の成功ノウハウとなった。

ともあれ、ツキのない時は「ここは堪《こら》えどき」と泰然自若《たいぜんじじゃく》として構え、冷静沈着に情勢を観察・分析しながら、自ら下手な動きをしない。そうしていれば、ツキや勝機といったものは、向こうから自然に転がり込んでくるものである。ゲームで言えば、相手がオウンゴールを打ってくるようなケースもままある。

意識的にそんな状態に自分をコントロールすることを、私は「見《けん》を決める」と呼んでいる。少なくとも経営者は、「見ができなければ一流じゃない」と私は思っているし、実際のビジネスでも、「いい見をするといい運がやってくる」ものだ。いずれにせよ「見」とは、「注意深く見て何もするな」ということである。

ドンキは一号店創業以来、三度のバブルとバブル崩壊を経験している。そうした経済の激動と浮沈にもまれながらも、当社はこの間、一貫した増収増益による成長路線を歩むことができた。それを可能にした大きな要因の一つに、この「見」の姿勢がある。

第2章でも触れたが、私はこれまで、バブルの時は「見」を決め込んでいっさい動かず、逆にバブルが崩壊するや、手のひらを返すようにして店舗物件用の土地や不動産の確保、あるいは企業のＭ＆Ａ等を積極的に仕掛けてきた。少なくともそれが、今のドン・キホーテ発展における原動力になったことだけは確かだろう。

ともあれ、成功者と失敗者の分かれ目は、この「見」ができるかどうかにある。これも私が体験的に会得した最大級の教訓だ。

見切り千両、再挑戦万両

「見切り千両」という言葉がある。元々は相場の格言だが、わかりやすく言えばこうなる。マイナス局面で、損を取り戻そうとさらに突き進めば、むしろ傷を大きくして致命的な深手を負ってしまう。そんな時は見切る、つまり撤退するにかぎる。この決断は千両の価値がある、ということだ。

たとえば株式投資で、買った株が下落してしまった。人間は損失の確定を本能的に嫌うから、たいがいの人は、さらにズルズルと値を下げてもそのまま株を持ち続け、買値まで戻るのをひたすら待とうとする。この状態を株の〝塩漬け〟という。

しかし、そうやって塩漬けになった株の値が短期間に戻るケースはまずない。その間、値を上げる他の成長株が次々と現れるが、投資する資金は塩漬け株で眠ったままだから、みすみす儲けるチャンスを逸してしまう。これが典型的な相場素人の行動パターンだ。

では、株で儲ける（少なくとも損をしない）にはどうすればよいのか。一定の損が出た段階で、例外なく株を売却することを、あらかじめ決めておくのである。これを「ストップロス」とか「ロスカットルール」などと言う。

あえて〝損切り〟することによって得た資金を、次の有望株に回していく。その株が上がれば、まさに「見切り千両」だ。いずれにしても、これができるかできないかが、株のプロと素人を分かつ最大のスキル差となる。

仕事や人生も似ている。チャレンジングな人生を送る人ほど、当然トライが多くなる。だからエラー、すなわち失敗の数も多くなる。しかし失敗はさほど大きな問題ではない。肝心なのは、失敗した時にいかに手仕舞うかだ。つまり「見切り千両」精神の発揮である。

何が失敗なのか、最初にその定義を決めておくことも重要だ。つまり仕事における、あるいは人生における「ロスカットルール」の明確化だ。自分の中でこれがきちんと確立できてさえいれば、失敗など全く恐れるに足らず。そして次の挑戦をすればよい。

よく「成功のシナリオ」が重要、などと言われるが、私に言わせれば、成功は成功した段階で初めて完結する結果論なのだから、そのシナリオを描いても全く意味がない。失敗にこそ、見切りの判断基準となる「失敗のシナリオ」が必要なのだ。

とりわけ、ハイレベルな仕事での挑戦は、とびきり難易度の高い冬山登山のようなものである。実際、十回登ってそのうち一回か二回、頂上に辿り着ければいい方、などという危険な冬山が世界にいくらでもある。頂上を目前にして引き返さなければならないという、「勇気ある撤退」が求められることも多い。少なくともそうした判断ができない登山家は、遅かれ早かれ遭難の憂き目に会うだろう。

ロスカットルールも失敗の定義もシナリオも、すべては再挑戦のためにある。再挑戦の繰り返しだけが、大輪の成功の花を咲かせる唯一の道である。そういう意味では、見切りには千両の価値があり、さらに再挑戦には万両の価値があるのだ。

仕事より楽しいゲームはない

「仕事を『ワーク』でなく『ゲーム』として楽しめ」……これは「源流」の社員心得・行動規範十箇条にある条文（第八条）である。私は人生の中で、仕事より楽しいゲームはないと、心の底から思っている。

根っからゲーム好きの私は、若い頃、ありとあらゆるギャンブルにいそしんだ。そこから学んだ結論は、以下のようなものだ。

ギャンブルには絶対に勝てないものがある。その代表が、競馬、競輪、競艇などの公営ギャンブルだ。二五％ものテラ銭を差っ引かれるという、絶対的に不利な仕組みに立ち向かい、それを打ち破った天才は未だかつていないし、未来永劫、現れることはないだろう。カジノでのギャンブルも勝てない。公営ギャンブルにしてもカジノにしても、さらにはパチンコやパチスロ等にしても、突き詰めれば個人と営利事業体との戦いである。中央競馬会やラスベガスの巨大カジノ、パチンコホールもれっきとした企業であり、そうした組織に個人が戦いを挑んでも、はなから勝てるわけがないのだ。

一方、テラ銭の比率が低い麻雀やトランプ等の対人ゲームは、目の前の人間が対戦相手だから、絶対に負けない方法がある。それは、常に自分よりも技量の劣る者と対戦すること。その原理原則さえ守れば、事実上、勝利を継続することが可能だ。そうしながら、自らの技量を磨いて行けばよい。

しかしいくらそのような努力を重ねても、金儲けや生活はもとより、人生を楽しむ手段として、しょせんギャンブルほど効率が悪く、リスクの高いものはない。

そんなものにうつつを抜かすよりも、はるかに確実かつエキサイティングな、人生における歩留りの高いギャンブルがある。それが仕事のゲーム化だ。〝ギャンブル百戦錬磨〟の私が言うのだから間違いはない。

仕事のゲームに勝ち得て成果を上げる喜びと満足感は、ちっぽけなギャンブルでの勝利の比ではない。もちろんゲームの楽しさは、その過程にこそある。だから仕事がワークからゲームに切り替わった瞬間に、世の中から怠け者は消失するだろう。これは第2章に詳述した通りである。

「人」を見抜くことはできない

「運」の話をしたついでに、私が考える「人」との関わりについて言及しておこう。

これまでの人生の中で、私は公私両面にわたって数限りない人たちと出会い、ありとあらゆる人間関係を経験してきた。少なくともその数とバリエーションの多さにおいて、決して人後に落ちるものではないだろう。そしてそんな私の行きついた結論が、「結局、人は人のことなど分からない」ということである。

神の子たるイエス・キリストですら、わずか十二人しかいない弟子の中の一人に裏切られ、磔《はりつけ》に処せられたのだから、凡人であるわれわれが、そう簡単に人のことなど見抜けるわけがない。

にもかかわらず、仕事でもプライベートでも、多くの場合われわれは、出会った段階でその人となりを判断し、対応せざるを得ない。

「分からないのに対応せざるを得ない」のであるならば、まずは「分からない」という不都合な真実を直視して自覚し、かつ将来にわたって「決して分かるようにはならない」と前向きに諦観《ていかん》するのが得策である。

かくいう私も、三十〜四十代の頃までは、「これだけ多くの人との出会いや付き合い、別れを繰り返していれば、将来は相当な確率で、瞬時に人を見抜く力が身につくだろう」と思っていた。しかしそれは錯覚であり幻想に過ぎないことを後年、はっきりと思い知らされるようになる。

たしかに経験を重ね、時に煮え湯も飲まされれば、多少は（人を見る）精度が上がる。しかししょせんその域を出るものではなく、一方で期待外れや買い被りなど見事に読みを外すケースも、いっこうに減ることがなかった。

結局は「時間のテスト」、すなわちある一定期間をかけながら、じっくりとその真贋《しんがん》を見極めるに勝る評価・判断方法はない。経験と経年は、その期間を若干短縮するのに役立つ程度だ。そういう意味からも、ファーストインプレッション（第一印象）で、どんなに素晴らしい人物、どんなに魅力ある人物だと思っても、いやそうであればあるほど、過大な評価をしたり、まして信用しきるのは禁物である。

もちろん、ファーストインプレッションと時間のテストの結果が、一致するのに越したことはない。しかし往々にしてそうはならない。その場合は、時間のテストの結果と判断を優先する勇気と冷静さを持たなければならない。

やや余談めくが、たとえば、時間のテストを省略しがちな例として、男女の関係が挙げられよう。「一目会ったその日から」とのフレーズもあるように、男女の恋愛ではファーストインプレッションや、俗にいう一目惚れなどという感情に支配され、時間のテストがないがしろにされるケースが多い。

必然的にその行方と結末は運任せとなり、残念ながら「アンハッピー・エンド」となるケースも多い。読者の皆さんも一つや二つ、そうしたほろ苦い経験をお持ちなのではないだろうか。私もそうだ。ほろ苦いどころか、かなり痛い目にあったこともある。

だから仮に私が、今の人生経験とノウハウを持って若き二十代に戻れるのなら、どんなに心ときめく女性に出会っても、時間のテストを介在させない付き合いは決してしない。相手にも時間のテストを求めるだろう。「心がときめく」という人間らしい豊かな情感を、不幸な結末で破壊してしまうリスクを、最小限に留めたいからである。

もちろんこうした考え方や手法は、男女関係のみならず、仕事上の人間関係や採用活動などにも有効だ。たとえば採用に関して言えば、「インターンシップ」が挙げられよう。これこそまさに、企業と学生が双方向かつお互いに時間のテストをし合う、大変すぐれた仕組みだと思う。

繰り返すが、「人は人のことなど分らない」。だから時間のテストが必要になる。友人・知人であれ、恋人であれ、さらには同僚・部下・上司であれ、人は時間のテストという概念を外した瞬間、人間関係における判断基準を見誤ることになる。ちなみに、ここで言う時間のテストのタームは、（もちろん接触の密度と頻度、その関係にもよるが）多くの場合、短くて三、四カ月、長くて一年といったところだろうか。

距離感の達人になれ

私は、他人との相関の中にこそ、真の自己の姿とその優劣が浮かび上がると思っている。

だからビジネスの上ではもちろんのこと、人生そのものにおいても、人とどう向き合い、接し、どんな関係を結ぶかというのが、現実社会に生きて行く上での最大のテーマだ。

結論から言えば、いかなる個性や職業を持つ人と付き合う場合においても、常に「一定かつ適切な距離感を保ちながら接する」のが成功の極意だと思う。それはこう言い換えることもできる。「適切な距離感を持って人と付き合う巧拙の度合いに、人生の充実度はほぼ比例する」と。

ここで強調したいのが、「距離感」における加減の大切さだ。そもそも距離感というのは、状況によってすべて違うし、また時々刻々と変化する。当然のことだが、全面的に人を盲信するべきではないし、逆に全否定的な不信、猜疑状態に陥るのも誤りである。要は単純に人を「善玉＝いい人」、「悪玉＝悪い人」の両極に分類してはならないということだ。

そうではなく、現実に人は真っ白でも真っ黒でもないグレーの濃淡のいずこかにあり、さらにそのポジションは、置かれた状況や時代（時期）、年齢、また接する人の違いによって千変万化する。従って自分という存在が相手の濃淡グラデーションのどこに位置するのかを見極め、常にそれに応じた距離感を持って、適確な接点を見出すことが肝要になる。こうして独自の対人関係をどう構築するかが人生最大の醍醐味であり、また人生を豊かにするか否かの重大な要素になると私は確信している。

ところで荘子は、「君子の交わりは淡きこと水の如し」と喝破《かつぱ》している。君子は人と交わるのに、水のようにさっぱりしているので、その友情（関係）は永く変わることがない、という意味だ。この「淡き水」という、君子の交わりの極意こそ、私の言う距離感と同義と捉えてもらえれば幸いである。

私は大の格闘技ファンだが、たとえばボクシングで歴史に残るような名選手、名チャンピオンを見ていると、彼らはいずれも「距離感の達人」であるということが分かる。

もちろん彼らは、人並みはずれたパンチの強さや上手さ、速さを有している。しかしこのレベルの選手はあまたいる。では、並みのボクサーと彼らを分ける決定的な違いは何か。それが距離感なのである。つまり、確実に自分のパンチが当たる距離、そして相手のパンチが当たらない距離を常に保てるか否かが分岐点となるのだ。

経営とビジネス、さらには人生における戦いにも、これと全く同じことが言えよう。是非とも、「人との関わり」における名チャンピオンを目指したいものである。

終章　波乱万丈のドン・キホーテ人生に感謝

真のCEOは「源流」

二〇一五年二月五日に開催されたドンキホーテホールディングス中間決算発表の席上、私は自ら引退を表明した。当期末（六月三十日）をもってCEOの職を退き、国内グループ各社の取締役もすべて辞任して、経営の第一線から身を引くと宣言したのである。現在の私の肩書は「ドン・キホーテグループ創業会長兼最高顧問」だ。もちろんこれは代表権のない、さらには取締役会メンバーですらない、いわゆる〝名誉職〟である。

当社のCEOは、後任の大原孝治へとバトンタッチした。しかしそれは、会社法上のCEO交代に過ぎない。当社には、より上位の、真のCEOとも言うべきものが存在する。

それが企業理念集「源流」だ。

「源流」の初版本が社内で刊行されたのは二〇一一年四月で、さらにその二年半後の二〇一三年九月に改訂版『源流』を発刊した。

私はまさに渾身の力を込め、「経営者・安田隆夫」のDNAを、「源流」にすべてぶち込み、網羅したつもりである。この時点で、個人としての創業経営者・安田隆夫は消滅し、その理念と情熱とノウハウだけが純粋に昇華し、「源流」に乗り移ったと私は自負している。実際、「源流」の発刊後は、私自身が「源流」をCEOと見立て、その中にある条文と教えに、忠実に従った経営を行ってきたつもりだ。

ともあれ、「源流」を徹底的に読み込んで血肉化し、それを業務で実践できるようになれば、誰もがドン・キホーテの経営者になれる。そうやって、第二、第三の「安田隆夫」がたくさん輩出されればいい。彼らが、それぞれの得意分野を生かしたチーム経営をしてくれれば、最強のドン・キホーテグループができ上がるだろう。CEOはそのまとめ役に徹すればいいのだ。

ちなみに「源流」の中にある「次世代リーダーの心得十二箇条」の第五条に、「自分の権限を自身で剝脱《はくだつ》し、部下に与える」とある。この条文の適用範囲に例外はない。だから私自身も粛々とそれに従って勇退したということだ。

とは言うものの、私は根っからの〝仕事大好き人間〟である。あまり自慢できることではないだろうが、何が一番の趣味かと問われれば、やはり「仕事」と答えざるを得ない。率直に言うが、どんな時でも、これまで仕事が苦になったことは、ただの一度もない。

だからこそ、こうして会社を発展させることができたのだろうし、また、だからこそ、今の仕事にしがみついていてはいけないと思ったのだ。冒頭でも触れたが、「老害」の張本人になるなど真っ平御免で、そんな自分の姿を想像するだけでもぞっとする。

だから今後、私はドン・キホーテをはじめ国内のグループ事業に関して、よほどのことがない限り、口も手もいっさい出すつもりはない。

その代わり、当社グループとしてはまだほとんど手つかずで、インフラとレールを敷く段階にある海外事業に専念する。そのため、シンガポールに専門オフィスと居を構えた。勇退後の私は、基本的に海外で生活し、仕事をしている。

少々、大上段的な言い方になるが、「今後は地球の視点からドン・キホーテを見守り、全力でそのバックアップを行いたい」と考えている。

そしてもう一つ、退任後に本格的に取り組みたいのが、安田奨学財団（注）での活動だ。同財団の目的は、おもに東南アジアから日本にやってくる優秀な留学生たちへの奨学金支給などを通じて、国際的人材の育成と彼我《ひが》の国の友好・親善に貢献するというもの。

私はその理事長を務めているが、現役時代は本業の経営業務に忙殺され、実際の運営はスタッフ任せになりがちだった。しかし今後は私が全面的に関わり、より高いレベルで真の国際社会貢献ができる財団に育て上げたいと思っている。
（注）公益財団法人・安田奨学財団は二〇〇五年十二月設立。同財団では、書類・面接選考を通じて選抜された海外からの留学生に対し、月額十万円の奨学金（返済義務なし／使途自由）を支給している。現在、

奨学生（在校生）五十四名、卒業生百十五名の実績を有する。

「まだ足りない」と囁くもう一人の自分

日本人男性の平均寿命は八十・五歳である。ただしこれは、早死にした人を含む全体平均であり、六十歳まで生きた人の平均余命は、八十五歳くらいだという。私は現在六十六歳だから、人並みに生きれば余命約二十年ということになろう。いわば私にとっての「ラスト二十年」だ。

この最後の二十年間を、自分なりにいかに幸福感と豊穣《ほうじょう》感を持って生きるかが、ある意味人生のすべてであり醍醐味ではなかろうか。要は死ぬ前の二十年の生き方と生き様にこそ、老後どころか、人生の総決算があるのではないかと私は思っている。

私は長年親しんだ組織から離れ、生活の場も日本から海外に移して、第二の人生を歩み始めた。そこで、今までのような「仕事の達人」ではなく、「人生の達人」でありたいと願っている。首尾よくそうなれれば、私は豊かな「ラスト二十年」を送れるだろう。

ところが、この転換がそう簡単にできるとは限らない。

「はじめに」でも触れたように、私は人一倍妬み深く、我欲と不満が強くてハングリー度の高い人間である。それをエネルギーにして、理想像とはほど遠い現実とのギャップを何とか埋めようと、がむしゃらに働き、それこそ人生を疾走するようにして生きて来た。しかしここに来て、特に勇退を心に決めた五年前頃から、さすがにそうした生き方を、そろそろ切り替えなくてはダメだと思うようになったのである。

えてして人は、足りないもの（不満）にばかりに意識がいき、足りているもの（満足）は所与のものとして無意識下におくものだ。しかし冷静に考えてみれば、少なくとも今の私の場合、足りないものより足りているものの方がはるかに多い。これは本来、大変有難いことである。素直に感謝の念を持たねばならない。

にもかかわらず、「まだ足りない」と囁《ささや》くもう一人の自分がいる。それを押さえ込み、自分で自分を手懐《てなず》けることができなければ、人生の達人になるなど望むべくもないだろう。

結局、「ラスト二十年」においては、自らの心象風景がすべてだと思う。つまり自分自身と内面的な対話をし、心の底から感謝の念と幸福感、充足感と豊穣感を覚えられるか否かだ。もちろんそこでは、お金や地位、名誉など全く何の役にも立たない。

今の私は、頭ではそう考え願ってはいるものの、心と体はまだそこまで悟りきれていないようだ。でも七十歳になるまでには、是非そうした境地に到達したいと思っている。

ドンキに世襲はなじまない

私が辞める際、「なぜ世襲をしないのですか?」と、ことあるごとに人から尋ねられた。そこで、世襲経営に対する私の率直な考え方を述べておこう。

必ずしも私は、一般的な世襲経営を否定するものではない。しかし権限委譲を旨とし、多種多様な人材が自由に力を発揮してきたからこそ勝ち抜いてこられたドン・キホーテには、やはり世襲はなじまない。

大企業の経営トップになれる人材は、確率的に言うと、一千人に一人いるかいないかだ。私に一千人の子供がいれば、一人くらいはなれるだろうが、実際には四人しかいないから、その確率は二百五十分の一となる。つまり、私にとって世襲は非現実的なものだ。

それよりも、自分の会社の社員が自分の子供だと思えばいい。実際、私は社員を自分の子供だと思ってきたし、現在の幹部は何千人もの中で淘汰されてきているわけだから、しかるべき後継者探しには困らない。

企業経営には強力な権限が不可欠である。従って、CEOを頂点とする経営者に、権力が集中するのは至極当然なことだ。戦場でも大将に絶対的な権力と指揮権がなければ、そもそも戦いようがない。

ただし、権力と権威は似て非なるものであり、はっきり峻別しなければならない。たとえば権力は、クーデター等により一夜にして崩れ、いとも簡単に奪取されることがある。それに対して権威は、短期に醸成されることは決してない。逆にそれゆえ、一夜にして失墜するようなこともまたあり得ない。

創業家であり大株主でもある安田家は、自らの責務として、明確に権威を有する存在になるべきだと思う。ただし、権力を持つべきではない。

ちなみに私は、日本の創業家は天皇家だと認識している。天皇家に政治的な権力はないが、最高の権威と品格が備わっている。もちろん、恐れ多くも、ドンキと安田家ごときをそれになぞらえるような、不敬、不遜な気持ちは微塵《みじん》も持ち合わせていない。ただし、謹んであやからせていただきたいものだとは思っている。

ともあれ、創業家の立ち位置と事業会社の経営は分離させるべきというのが、私のかねてからの持論だ。少なくともそうした体制が確立されていれば、よく世間の話題にもなる、上場企業の低レベルかつ恥ずかしいお家騒動などは起きるはずがない。

企業そのものが子供と思えば世襲は必要ない

ドンキはわが子供

ところで、欧米などではファンド等に会社を売り払って、ハッピーリタイアメントを決め込む創業経営者も多いと聞く。私には到底、考えられないことだ。

私にとってのドン・キホーテは、自らの腹を痛めて生み、大切に慈《いつく》しんで育てた子供と同じようなものだ。その子供が成長して一人前になったからといって、赤の他人に金銭で譲渡するという発想自体が、私には全くもって理解不能である。

私は死ぬまで、自己保有のドンキ株は、一株たりとも市場に放出するつもりはない。企業の資本価値を維持し、永続的な存続を側面から守り、バックアップするためだ。これが私にとっての、最大かつ唯一の権威の行使であり貢献だと思っている。そして万が一、ドン・キホーテが企業存亡にかかわるような危機に陥った時は、断固として救済に立ち上るつもりだ。

いずれにせよ、筆頭株主の私が、保有株を手放さないと宣言しているのだから、ドン・キホーテがファンドや同業他社等によるM&A、或いはTOB等の対象になることはまずあり得ないだろう。縁もゆかりもない資本や「プロ経営者」が外から乗り込んできて、社員を支配・統治するようなことは、絶対にさせないつもりだ。

墓碑銘は「感謝」

最後に余談めいてやや恐縮だが、先ごろ某誌の長者番付特集で、私が国内十何位かにランクインしたことがよく話題にされる。はっきり言うが当惑している。

某誌に載った私の資産の九割以上は自社株、つまりドンキホーテホールディングスの所有株の値段（時価総額）である。その株を、私は死ぬまで保有すると内外に明言している。したがってこれは私にとって永遠に換金できない金、すなわち〃バーチャルマネー〃に過ぎない。表現を変えれば、大規模農家や老舗商店が先祖伝来の土地を売れないようなもの